JN132871

もう、年だから……。
忙しいから……。
運動が苦手だから……。
もともとの体型だから……。

いいえ。

誰でもくびれは
つくれます。

はじめに

10年後、20年後もかっこいいカラダづくりをはじめましょう

みなさん、こんにちは！　東山一恵と申します。

わたしはこれまで、ダイエットカウンセラー、予防医学・生活習慣病予防改善講師として多くの方々にアドバイスをしてきました。指導歴は28年になります。

わたしは子どものころから20代まで、147センチの身長で、ウエストは70センチを超えていました。内向的で、運動も苦手でした。

それだけではありません、子どものころからずっと病弱で、入退院を繰り返していたのです。寿命は30代後半くらいだろうと、医師に宣告されたこともありました。先天性股関節脱臼、坐骨神経痛、変形性ひざ関節症などの不調もありました。

会社に勤めていたころは、病欠ばかりの毎日。ずっと、自分の病気や肥満に悩んでいました。健康で生き生きした人たちを、いつもうらやましく思っていました。

わたしは病気や肥満をなんとかしようと、体質改善を目指しました。そして、食事や習慣を見直して減量し、ボディバランスを整え、適度なエクササイズを続けるうちに、みるみる健康になっていったのです。

こんなわたしだからこそ　健康の大切さがよくわかります。50代になり「いまがいちばん幸せ」な毎日を送っています。

普通は、30代、40代、50代……と、年を重ねるたびに、体重や体脂肪の増加が気になります。さらに肩こりや腰痛といった体の不調、生活習慣病などの病気も……。不思議なことに、わたしは反対に、年を重ねるごとに健康的になっているのです。

わたしがご指導しているのは、「いまだけやせればいい」ということではありません。リバウンドせず、10年後、20年後も、健康で美しく、かっこいい体であること、体の不調のない、元気な生活を送ることです。

本書を手にとってくださったみなさんが、いくつになっても〝健康で〟〝美しく〟〝かっこよく〟人生を歩んでいけますように――。

モデルさん、女優さん、アナウンサーや医師の方にもご指導しています！

くびれの極意❶ 体重38・2キロ、驚異のウエスト48センチ

51歳、わたしの体のデータを公開します

私の年齢は、51歳です。

まわりにいる同年代の女性たちからは「若いころよりも、やせにくくなった」「何をやってもやせない」「水を飲んでも太る」……なんていう声をよく聞きます。

たしかに、30代、40代、50代……と年を重ねるにしたがい、若いころよりも活動量が減ったり、代謝が落ちたりして、やせにくくなってくるのは事実かもしれません。でも、**いくつになっても「やせられない」「理想の体型になるのは無理」なんて、絶対にないのです。**

さて、現在51歳のわたしは、**身長152センチ、体重38・2キロ、体脂**

肪率は9・3パーセント。そして、ウエストは48センチです。

この数字を紹介すると、「よほど苦しい食事制限をしているの？」「毎日きついトレーニングを続けているんでしょう」「太らない体質でうらやましい」なんて思われるかもしれません。

でも、そんなことはまったくありません。

毎日好きなもの、おいしいものをいただいていますし、仕事が忙しくてなかなか運動する時間もとれません。しかも、30歳くらいまでのわたしは、身長147センチ、ウエスト70センチ、体重が56キロもありました。身長からすれば、いわゆるぽっちゃり体型ですよね。

若いころよりも、**いまのほうがはるかに体調もよく、毎日元気にイキイキ活動できています。**

TANITA
体組成計
DC-320
18/12/08(土) 10:41
No. 00000001
氏名 東山一恵

入力項目	
体型モード	スタンダード
性別	女性
年令	51 才
身長	152.0 cm
着衣量・風袋量	0.0 kg

測定結果	
体重	38.2 kg
体脂肪率	9.3 %
脂肪量	3.6 kg
除脂肪量	34.6 kg
筋肉量	32.7 kg
体水分量	23.7 kg
推定骨量	1.9 kg
基礎代謝量	949 kcal
体内年令	26 才
内臓脂肪レベル	1
脚点	132 点
BMI	16.5
標準体重	50.8 kg
肥満度	-24.8 %

体脂肪標準範囲
22.0〜 35.9%
9.8〜 19.4kg

判定
◇体脂肪率　やせ｜標準｜軽肥満｜肥満
◇BMI　やせ｜普通｜肥満1｜肥満2
◇内臓脂肪レベル　標準｜やや過剰｜過剰
◇筋肉量　少｜平均｜多
◇基礎代謝レベル　燃えにくい｜標準｜燃えやすい
◇脚点　低｜やや低｜良
◇体脂肪率と筋肉量による体型判定
☆細身筋肉質
◇その他の情報
-37.3　-63.8
671.7　583.3

体組成計で計測したわたしの体のデータです。体内年齢26歳と、実年齢の約半分！　これはうれしいですね。

右が昔の写真、左がいまの写真です。サイズはバスト78cm→80cm、ウエスト70cm→48cm、ヒップ88cm→80cmに変化しました。

くびれの極意❷　キモチもカラダも軽く、毎日きらめき、イキイキ過ごせる！

くびれがあると幸せになれます！

くびれが人を幸せにする。

これがわたしの信条のひとつです。

女性がくびれなら、男性の場合は逆三角形の上半身、でしょうか。

わたしのサロンにいらっしゃった、あるお客さまのお話です。

彼女は当時、うつ状態にあって、何をやっても、どこに行っても、誰と会っても楽しくない、心が重苦しい日々を送っていました。でも、本書でお伝えするするようなポーズやかんたんなエクササイズを実践し、ウエストにくびれができてきたのと同時に、彼女の気持ちはどんど

50代でも、自信を持ってミニスカートを履いています！

ん晴れていったそうです。毎日のおしゃれが楽しくなって、いまでは大きなイヤリングをつけて、楽しそうにお出かけされています（じつは、わたしもうつを克服したのです）。

心と体はつながっています。

体がだらーんとしていたら、心もだらーんとしてくるものです。体の動きも緩慢になって、何をするにもおっくうで、毎日の生活にもハリがなくなってしまうのです。

くびれができると、気持ちが明るくなって、心も体も軽くなっていきます。「自分は無理だ」「どうせわたしなんて……」という考えも消えていきます。

また、くびれをつくり、姿勢がよくなることで、立ち居振る舞いも変わってきます。**ふだんのしぐさも、自然と美しいものになる**のです。

「くびれ」ひとつで、すてきな相乗効果がたくさん生まれます。

〝くびれがあなたの人生を変える〟

これはけっして大げさではない、本当のことです。

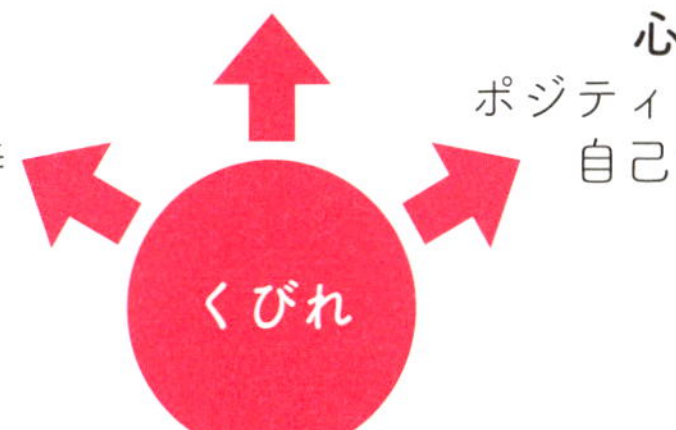

くびれの極意❸ 自然にやせる、健康になる、身長も伸びる！

〝くびれパワー〟をあなどるなかれ！〝一石十鳥の効果〟があります

ウエストにくびれがあると、「スタイルのよい女性」「きれいな女性」というふうに見られますよね。姿勢がきれいになって、洋服をきれいに着こなすこともできます。くびれは、女性にとって大切な見た目の美しさに、絶大な効果をもたらしてくれるのです。男性なら、スーツも普段着もかっこよく着こなすことができ、いまよりもっと、仕事がデキるように見えます。

〝くびれの効果〟は、外見だけはありません。

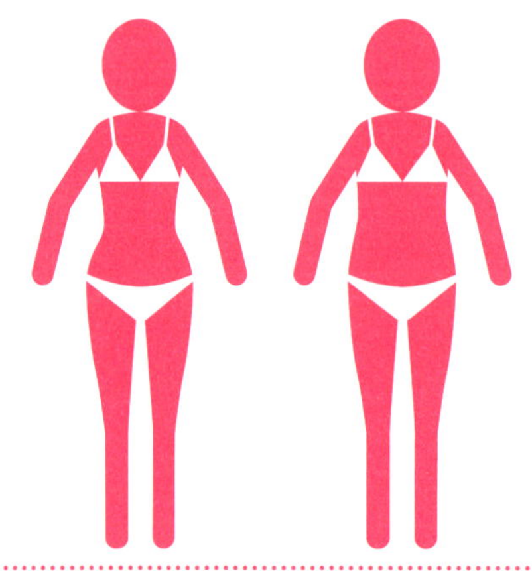

くびれのある・なしで、体型の印象はかなり変わります。体重ばかりにとらわれてダイエットをするより、くびれをつくるほうが効果的です！

くびれをつくることによって、**内臓が正常な位置（肋骨内や骨盤内）におさまります。**そして内臓機能が活性化し、体の中から健康になることができます。腸内環境がよくなり（腸内フローラを改善）、お肌もピカピカに。

くびれを維持するためには正しく、美しい姿勢がかかせません。姿勢によって、**猫背が治り、肩こりも緩和**します。

くびれを保つためのすべての筋肉が整い、引きしまることによって、血流がよくなり、女性の大敵である冷え性も改善します。また、**基礎代謝も上がって脂肪が燃えやすくなるので、自然にやせていき、太りにくい体になる**のです。血圧や血糖値の安定にもつながります。

このように、くびれによって体の中から健康になり、たくさんの好循環が生まれるのです。

ちなみに、わたしはくびれができて姿勢が整ったおかげで、**身長まで伸びました。**１４７センチだった身長が、なんと30代半ばで１５２センチに、５センチも伸びたのです！

「くびれ」がもたらす 10 の効果

1. 洋服をきれいに着こなせ、毎日がキラキラ、楽しくなります！
2. 猫背が直って姿勢がよくなり、若々しく、美しく見えます！
3. 見た目年齢だけでなく、体の中身も若返ります！
4. くびれがあると、自然に美脚・美尻が実現します！
5. 内臓の位置が整って、健康になります！
6. 腸が活性化→便秘が改善してお肌がきれいになります！
7. 血流がよくなり、冷え性が改善します！
8. 基礎代謝がアップして、太りにくい体になります！
9. 血圧、体温、血糖値等が安定します！
10. 身長が伸びます！
（わたしは 30 歳を過ぎてから、5 センチ伸びました）

くびれの極意④ 忙しい、ズボラ、めんどうくさがりでも大丈夫

苦しい運動は一切なし！ だから続くんです！

わたしが日々、どんなことに気をつけているかといえば、**ちょっとした動きやポーズを生活の中に取り入れて、しっかりくびれをキープすること、**そして、体のもとになる食べものを多少選ぶことくらいです。

そしてそれらは、だれでもかんたんにできることなんです。

体型は、日常生活＝習慣によってつくられます。

きつい運動をすれば、一時的に体重が減ったり、筋肉がついたりしますが、アスリートではないわたしたちには、そんな生活は続けられません。続けられないなら、体重や体型も元どおりに。だから、続けられることでないとダメだと、わたしは考えます。

これは、わたし自身の経験です。以前、やせるために一生懸命運動ばかりしていた時期がありました。たしかに体重は落ちますが、そのときのわたしは、**顔がげっそりコケてしまったり、しわが増えたりして、**ちっともきれいではありませんでした。

激しい運動を続けると「ハァ、ハァ」と呼吸量が増え、**体をサビつかせる活性酸素が発生**します。体内に活性酸素が増えすぎると、**老化が進み、がんや生活習慣病などの原因にもなります。**

世の中にはすばらしいトレーニングやエクササイズがたくさんあります。でも、時間がなかったり、環境が整わなかったりして、なかなか続きにくいのではないでしょうか。

だから、わたしは**苦しくない、つらくない、めんどうくさくない、**毎日の習慣に取り入れられることだけを、みなさんに提案します。

人生が変わる最強のくびれ

目次

はじめに▼10年後、20年後もかっこいいカラダづくりをはじめましょう……2
くびれの極意❶▼51歳、わたしの体のデータを公開します……4
くびれの極意❷▼くびれがあると幸せになれます！……6
くびれの極意❸▼"くびれパワー"をあなどるなかれ！"一石十鳥の効果"があります……8
くびれの極意❹▼苦しい運動は一切なし！だから続くんです！……10
この本の使い方……16

chapter1

立つ・座る・寝るだけでくびれはつくれる！

日常の動作によってくびれはつくられます！……18
くびれの基本、正しい立ち方をマスター……20
基本のポーズ① 立つ▼立っているだけで、くびれはできる……22

基本のポーズ②座る▼座るときの姿勢で差をつける！……24
基本のポーズ③寝る▼寝ながらリセットらくらくくびれメイク……26
応用編①歩く（1）▼くびれウォークで代謝がアップ！……28
応用編②歩く（2）▼バッグの持ち方で体型が変わる！……30
応用編③普段の生活で▼くつろぎタイムはくびれのチャンス……32
美しいからだは習慣でつくられます！……34
column 掃除は最高のくびれチャンス！……36

chapter2

ずぼらでできるながらボディメイク

わたしの一日の過ごし方を紹介します……38
気になるところだけやればOK！……40
ながらボディメイク①ウエスト▼ウエストを引きしめてくびれメイク……42
ながらボディメイク②お腹▼お腹ぽっこりにしっかり効く！……44
ながらボディメイク③背中▼落ちにくい背中のお肉を撃退！……46
ながらボディメイク④二の腕▼たるたる二の腕をスッキリさせる……48

ながらボディメイク⑤首まわり▼年齢が出る首まわりのお肉はこうとる……50
ながらボディメイク⑥お尻▼パンツが似合う美尻になる！……52
ながらボディメイク⑦脚▼美脚はながらでできる！……54
ながらボディメイク⑧ふくらはぎ▼スカートが似合うほっそりふくらはぎ……56
ながらボディメイク⑨バストアップ▼バストしっかりのメリハリボディ……58
ながらボディメイク⑩スクワット▼絶対やせる最強パルススクワット……60
column 片足で立ってみよう……62

chapter3

効果てきめん！ 秘密の裏ワザエクササイズ

ダイエットの効果を上げるには「理由」を知ること……64
効果てきめんの裏ワザ①代謝を上げる（1）▼「その場ダッシュ」で代謝アップ！……66
効果てきめんの裏ワザ②代謝を上げる（2）▼キックで鍛えながらリフレッシュ！……68
効果てきめんの裏ワザ③消化をよくする▼食べ過ぎをかんたんリセット！……70
効果てきめんの裏ワザ④便秘を解消する▼腰回しでお通じをよくする……72
効果てきめんの裏ワザ⑤運動前に▼運動効果をアップするエクササイズ……74

効果てきめんの裏ワザ⑥体の不調に▼肩こり・腰痛がつらいときに …… 76
column「かかとストン」でプルプル美顔！ …… 78

chapter4

きれいをつくる食べ物と食べ方

あなたの体は食べ物でできているから …… 80
きれいのために食べてほしいもの …… 82
できれば避けたい！　こんな食品 …… 84
もっときれいになるためにおすすめの食材 …… 86
わたしの味方 頼りになるスーパーフード …… 88
column 甘いおやつは午後3時までに …… 90
あとがき▼「いまがいちばん幸せ」な自分でいるために …… 92

この本の使い方

本書で紹介するエクササイズは、忙しい人、めんどうくさがりな人、運動が嫌いな人でも実践できるものを厳選しています。年齢、性別を問わずに行えます。続けるうちに、「体重はあまり変わっていないのに、スカートやパンツがゆるくなった」と実感していただけるはずです。

17ページからの
chapter1　立つ・座る・寝るだけでくびれはつくれる！
日常の基本的な動きでくびれをつくるための基本ポーズです。**すべての人にマスターして、実践していただきたい**ものです。

37ページからの
chapter2　ずぼらでできるながらボディメイク
ウエスト、脚、お尻、二の腕など、気になる部位にあわせたボディメイク術を紹介しています。自分の気になるところだけ実践すればOKです。

63ページからの
chapter3　効果てきめん！　秘密の裏ワザエクササイズ
食べ過ぎたとき、便秘気味のとき、運動効果を高めたいときなど、体調やシーンに合わせて、上手に取り入れてほしいエクササイズです。エクササイズといっても、むずかしいものはありません。

いつでも、どこでも、好きな回数、好きな時間、
無理のない範囲で行ってください。

息を吐ききること、お尻をしめることを
意識してください。
口で息を吐ききると、自然と鼻から呼吸できます。

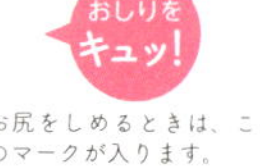

お尻をしめるときは、このマークが入ります。

本書のエクササイズの多くは、靴を履いたまま行えます。
そのため、靴で行えるものは靴を履いています。

※腰痛や膝痛、肩痛などがある方は、無理のない範囲で行ってください。

chapter

1

立つ・座る・寝るだけで
くびれはつくれる！

Let's get started.

1日24時間の姿勢を、ちょっとアレンジするだけ！

日常の動作によってくびれはつくられます！

わたしたちは、1日24時間、どんな姿勢で生きているでしょうか。

個人差はあるものの、たとえば7時間くらい寝て、デスクワークで8〜9時間、食事やくつろぎで4〜5時間座り、残りの時間は通勤や日常動作、家事などで立ったり、歩いたりしているという人が多いでしょう。

このように、人間は、「立つ」、「座る」、「寝る」、そして「歩く」のいずれかの「姿勢」をとっていることがほとんどです。そして、**日々どんな姿勢をとっているかが、わたしたちの体型をつくる**のです。

つまり、**毎日の立つ、座る、寝る、歩くといった基本の姿勢を変えるだけで、くびれができたり、やせたり、健康になったりする**ということです。

たとえば、歩くという動作は、身体の7割くらいを使います。そして、日々の立つ、座るという動作が、いちばん体幹を使っています。これを生かさないのはもったいない！

よく「健康のために1日1万歩歩きましょう」なんていわれます。でも、1万歩歩こうとすると、90分くらいかかります。忙しいと、なかなかウォーキングの時間もとれませんよね。日常生活では、家事含め4000歩くらい歩く人が多いそうです。そこで、4000歩を無理して1万歩にするよりも、**歩きの質を変えてほしい**というのがわたしの考え方です。

若いお嬢さんがハイヒールを履いて、ひざを曲げて、内股でぺたぺたと歩いているのをよくお見かけします。こんな歩き方を続けていたら、猫背や腰痛、膝痛を加速させてしまう……と陰ながら心配してしまいます。

このように、歩きの質によって、ウォーキングの効果には大きな差がつきます。28ページで紹介するくびれウォークを取り入れれば、くびれ効果で内臓から健康になれるだけでなく、4000歩でも1万歩歩いたのと同様の効果が期待できます。

「歩き方」だけでなく、これから紹介する「立ち方」、「座り方」などにちょっとしたコツを加えるだけで、あなたのウエストにくびれがつくられます。そう。**くびれは日常生活から生まれる**のです。

Let's get started.

姿勢を変えるだけで、効果は絶大！

くびれの基本、正しい立ち方をマスター

くびれをつくるための基本は、立ち方。

猫背の人は、**肩が内側に丸まり、バストが下がり、お腹にお肉がついてきます。**そして、体全体に負担がかかる歩き方をするようになります。だから、肩こりや腰痛、将来的には膝痛で悩むようになる、という悪循環になるのです。

背筋がピンと伸びている人は、立っているだけ、歩いているだけでお腹や背中などの筋肉をしっかり使えています。その結果、体幹が整い、自然に鍛えられて、**太りにくく、疲れにくい体になる**のです。

まずは、立ち方をマスターしましょう。

駅のホームで、信号待ちのとき、お買い物中……。あなたはいつも見られています。特に背中は年齢が出る部分です。

正しく立つためのコツ

1
軽くひざを曲げて開く。

2
お尻を内側に引きしめながら、おへそをへこませるようして引き上げ、足を閉じる。

3
1、2を3回ほど行い、姿勢を整えながら立つ。

NG NO GOOD

骨盤が後傾している

肩は前に丸まり、首が前傾し、ひざが曲がっている。バストが下がり、下腹が出てくる。

骨盤が前傾している

腰を反りすぎると、腰痛やぽっこりお腹の原因に。

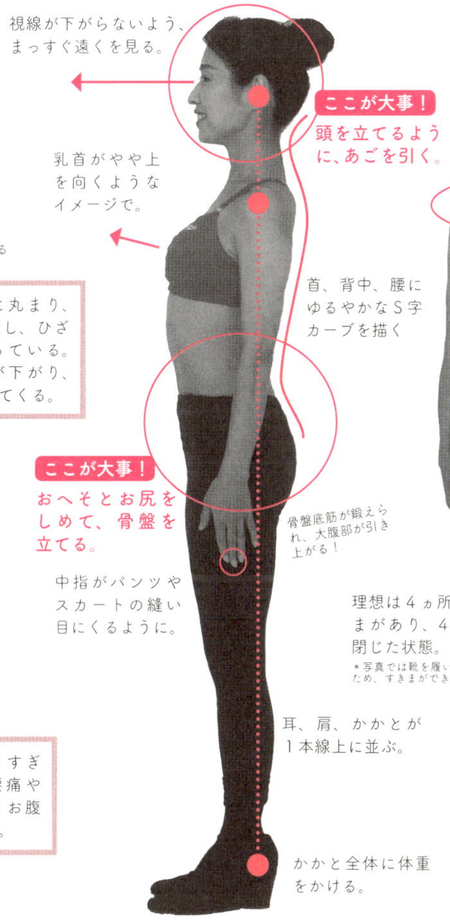

視線が下がらないよう、まっすぐ遠くを見る。

ここが大事！
頭を立てるように、あごを引く。

乳首がやや上を向くようなイメージで。

首、背中、腰にゆるやかなS字カーブを描く

ここが大事！
おへそとお尻をしめて、骨盤を立てる。

骨盤底筋が鍛えられ、大腹部が引き上がる！

中指がパンツやスカートの縫い目にくるように。

耳、肩、かかとが1本線上に並ぶ。

かかと全体に体重をかける。

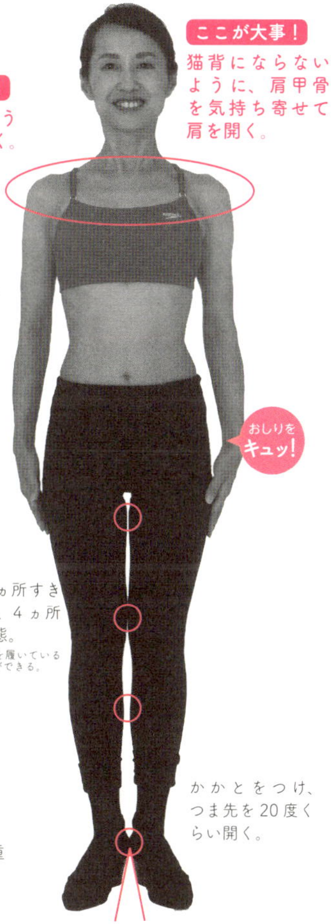

ここが大事！
猫背にならないように、肩甲骨を気持ち寄せて肩を開く。

おしりをキュッ!

理想は4ヵ所すきまがあり、4ヵ所閉じた状態。
＊写真では靴を履いているため、すきまができる。

かかとをつけ、つま先を20度くらい開く。

基本のポーズ①立つ

立っているだけで、くびれはできる

1

正しい姿勢で立ち（21ページ）、手を腰にあて、片足を軽く一歩前に出す。

おしりをキュッ！
お尻でお札を挟んでいるイメージ、太ももの間にタオルを挟んでいるイメージで。
←ここに効く！
太ももに伸びを感じる。
左足
右足
ここが大事！
左右の足のつま先が一本のライン上にくるようにする。

くびれをつくるには、ウエストまわりの筋肉をしっかり伸ばすことが大切。立っているときにストレッチをすると、くびれをつくるための腹斜筋、腹直筋が刺激されます。縮んだ筋肉が伸びることで、代謝が上がり、血流やリンパの流れもよくなります。

このかんたんなエクササイズのあと、なんとウエストが一瞬で4センチも細くなった人もいます。

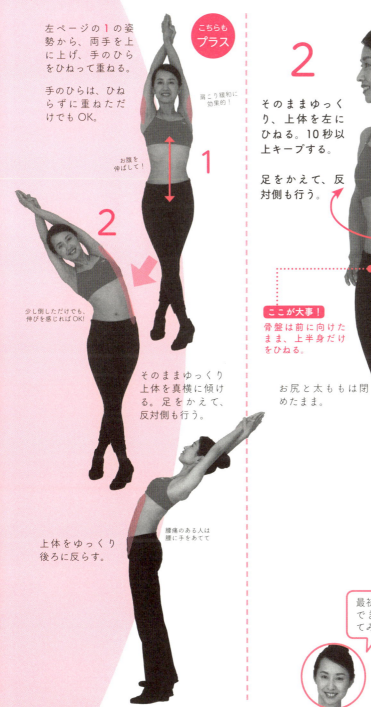

こちらもプラス

左ページの1の姿勢から、両手を上に上げ、手のひらをひねって重ねる。

手のひらは、ひねらずに重ねただけでもOK。

肩こり緩和に効果的！

1

お腹を伸ばして！

2

少し倒しただけでも、伸びを感じればOK!

そのままゆっくり上体を真横に傾ける。足をかえて、反対側も行う。

腰痛のある人は腰に手をあてて

上体をゆっくり後ろに反らす。

2

そのままゆっくり、上体を左にひねる。10秒以上キープする。

足をかえて、反対側も行う。

ここが大事！

骨盤は前に向けたまま、上半身だけをひねる。

おしりをキュッ!

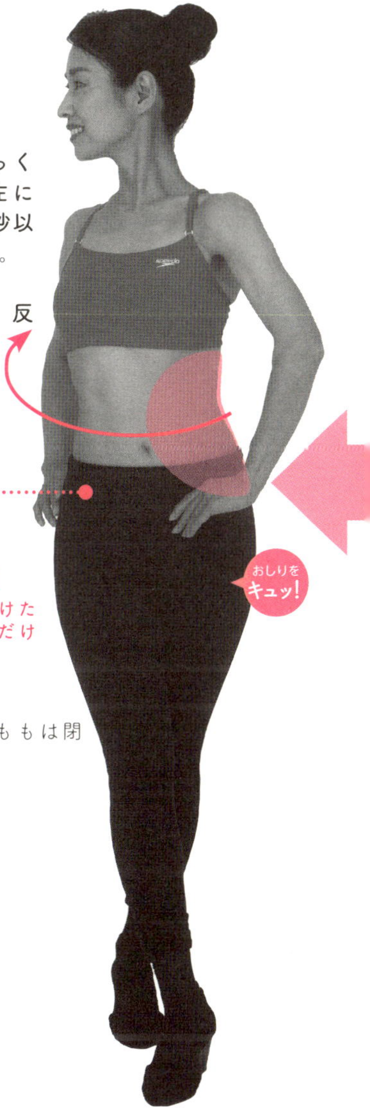

お尻と太ももは閉めたまま。

最初はあまり無理をせず、できるところまでひねってみましょう。

基本のポーズ②座る

座るときの姿勢で差をつける！

1
正しい姿勢で座る。
あごを引いて頭を立て、まっすぐ前を見る。
肩甲骨を開いて、肩を後ろに引くイメージで。
ここに効く！→
ここが大事！
骨盤を立てるイメージで、お腹に少し力を込める。
背もたれにどっしりもたれかからない。
おしりをキュッ！
お尻をしめるとお腹がへこみ、内ももも引きしまる！
ももの裏で座るイメージで。
NG
NO GOOD
お腹がだら〜ん
肩や頭が前に出て、背中が丸まっている。お腹の筋肉が使われず、無駄な脂肪がたまってしまう。

デスクワークや食事、くつろぎタイムなど、日常生活で「座っている時間」は非常に多いもの。

だからこそ、正しい座り方で、あなたの体型は変わります。足を上げるなどのちょっとした負荷をプラスすれば、さらに効果アップ！電車では「次の駅まで」などと決めて、ちょっとだけがんばってみて。

正しい姿勢で座ることで、骨盤底筋、肛門筋が鍛えられ、お尻が小さくなり、下腹部が引きしまります。

ここに効く！
お腹全体
太もも
ふくらはぎ

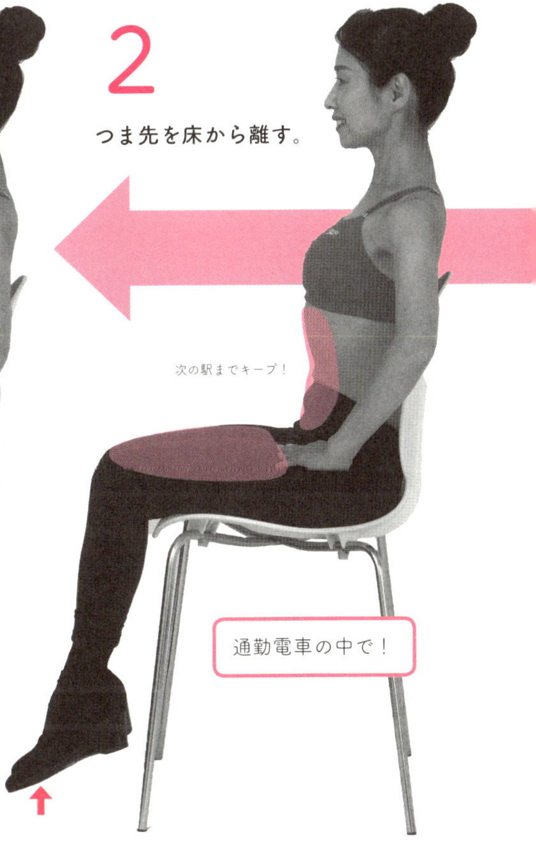

3

つま先を床から離した状態で、つま先を上げてふくらはぎの後ろをストレッチする。

むくみ対策にも！

デスクワークのリフレッシュに！

2

つま先を床から離す。

次の駅までキープ！

通勤電車の中で！

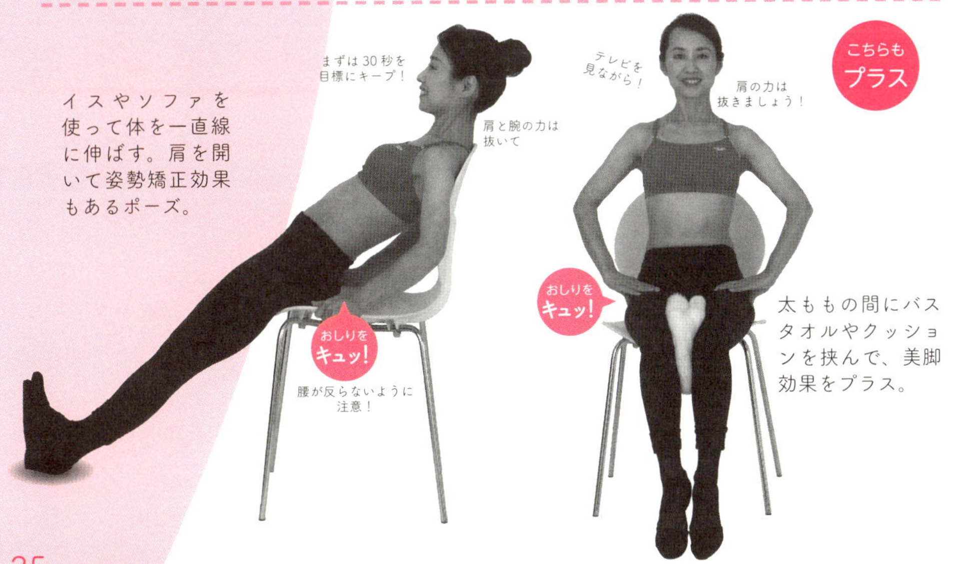
まずは30秒を
目標にキープ！
肩と腕の力は
抜いて
おしりを
キュッ！
腰が反らないように
注意！
テレビを
見ながら！
肩の力は
抜きましょう！
こちらも
プラス
おしりを
キュッ！

イスやソファを使って体を一直線に伸ばす。肩を開いて姿勢矯正効果もあるポーズ。

太ももの間にバスタオルやクッションを挟んで、美脚効果をプラス。

基本のポーズ③寝る

寝ながらリセットらくらく くびれメイク

ここに効く！
お腹全体

この体勢だからできる
全身のストレッチ！

↓ここに効く！

ストレッチの前後にリセット

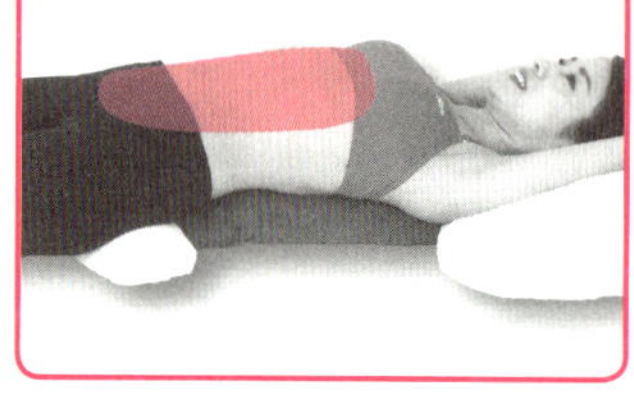

腰に丸めたバスタオルを、背骨に沿って丸めたバスタオルを縦に置いて、上半身全体をリセット。

ウエストのあたりに丸めたバスタオルを置いて、お腹全体をリセット。お腹が伸びる感じです。

寝ながらだって、くびれメイクは可能です。

起床時や就寝時、またはお昼寝のときなど、1のようにぐーんと全身を伸ばすだけで、お腹が気持ちよくストレッチされます。

ストレッチの前後には、上のように背中側に丸めたバスタオルなどを置き、身体をゆるめてリセットしましょう。

また、寝転んでテレビなどを見ているときにも、足をちょっと上げるだけでくびれに効くポーズになります。

こちらもプラス

寝転んでいるとき、足先を床から上げる。

ほんの少し
上げるだけでも
効果あり！

だらだらしているように見えて、
くびれメイク中！

1　手のひらをを頭の先で合わせ、足から指先まで伸ばす。

おしりを
キュッ!

つま先を上に上げると、ふくらはぎのストレッチになる。

2　腕は軽く開き、ひざを曲げて立てる。ひざを左右に倒す。

反対側の肩が浮かない程度に。

わき腹が伸びて気持ちいい！

ここが大事！
ひざはしっかり閉じる。

わき腹対策に効果抜群！就寝前や起床後の習慣にしてみてくださいね。

こうすると、
上下のわき腹に効くんです！
ひざから下が
上がっています！
テレビやビデオを
を見ながら！

ゴロゴロしているとき、ひじをついて足先を上げる。

応用編①歩く（1）

くびれウォークで代謝がアップ！

ここに効く！
ウエスト
全身

正しい姿勢で立ち（21ページ）、歩きはじめる。

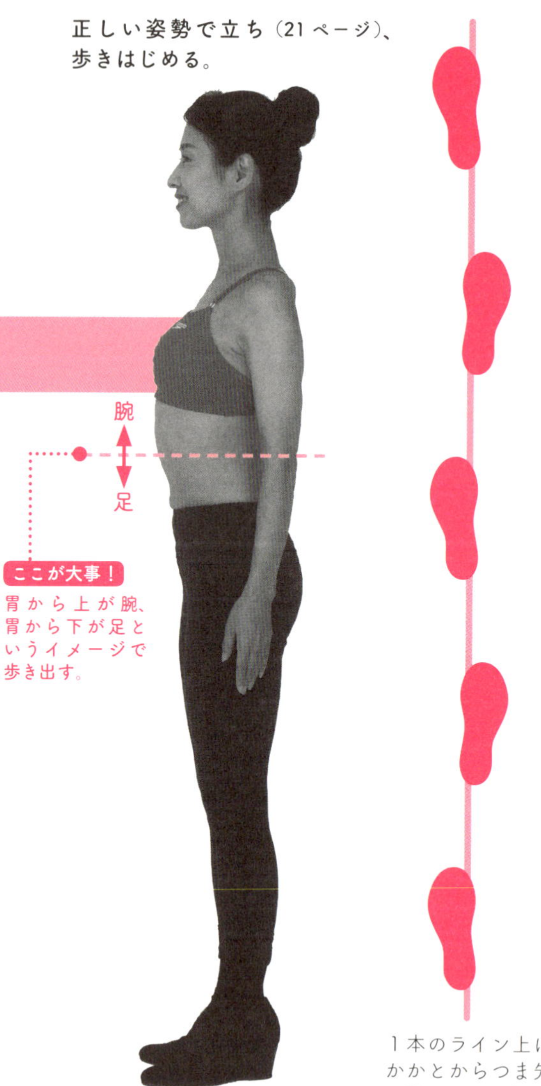

ここが大事！
胃から上が腕、胃から下が足というイメージで歩き出す。

1本のライン上にかかとからつま先が乗るイメージで。

くびれウォーキングのポイントは、①胸から歩くこと、②「胃から上が腕、胃から下が足」というイメージで歩くこと、③しっかり大股で歩くこと、の3つです。ラインの上を歩くようにすると、さらにグッド！

また、階段を上がるときは足裏全体で、降りるときはつま先から降りるようにすると、足のラインがきれいになります。

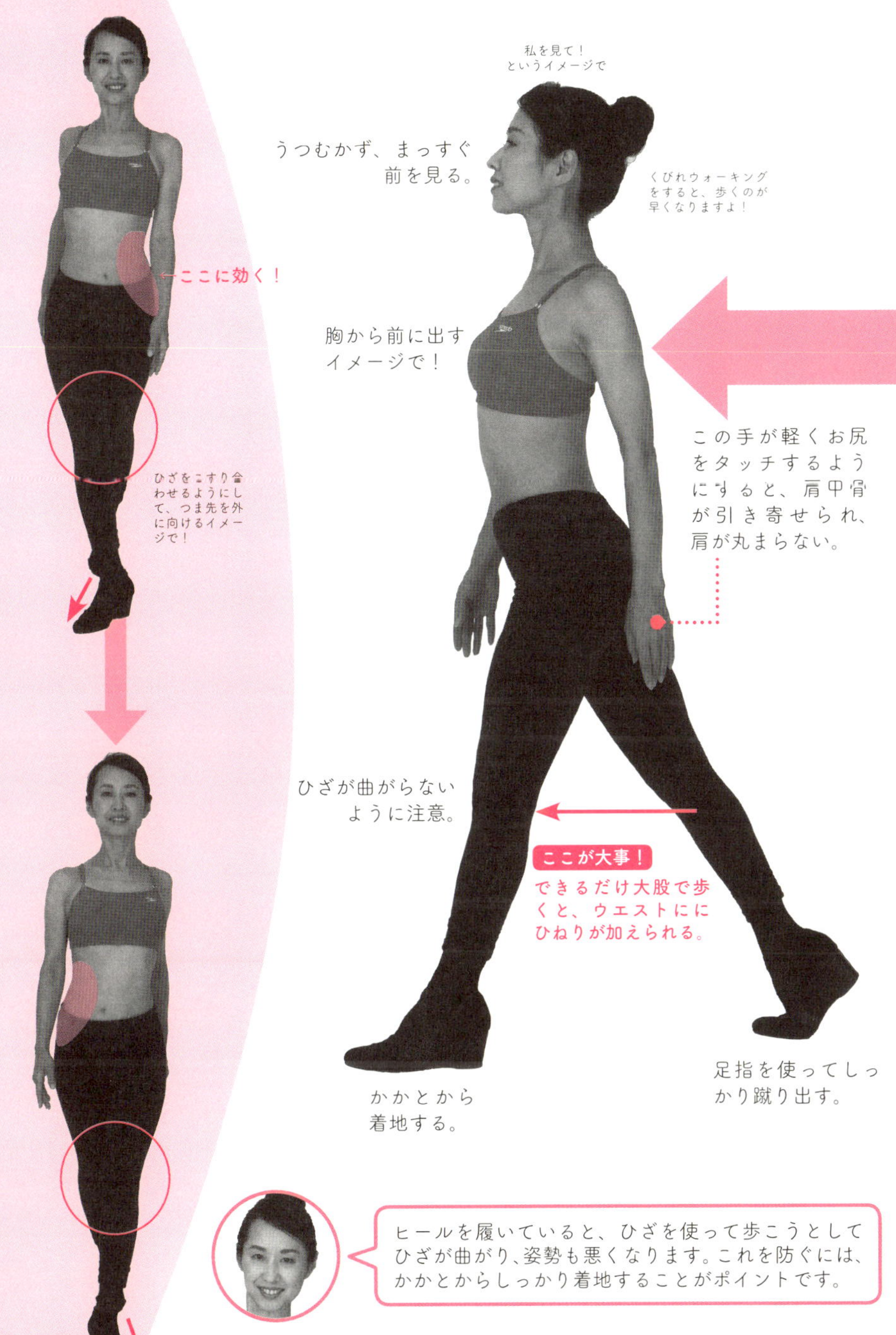

←ここに効く！
ひざをこすり合わせるようにして、つま先を外に向けるイメージで！
私を見て！というイメージで
うつむかず、まっすぐ前を見る。
くびれウォーキングをすると、歩くのが早くなりますよ！
胸から前に出すイメージで！
この手が軽くお尻をタッチするようにすると、肩甲骨が引き寄せられ、肩が丸まらない。
ひざが曲がらないように注意。
ここが大事！
できるだけ大股で歩くと、ウエストにひねりが加えられる。
かかとから着地する。
足指を使ってしっかり蹴り出す。
ヒールを履いていると、ひざを使って歩こうとしてひざが曲がり、姿勢も悪くなります。これを防ぐには、かかとからしっかり着地することがポイントです。

応用編②歩く（2）

バッグの持ち方で体型が変わる！

ここに効く！
全身
姿勢

基本の持ち方

バッグの重さで正しい姿勢（21ページ）がくずれないよう、常にバッグを体の中心に持ってくるようにする。ひじを気持ち引くことで、きれいな姿勢を保てる。

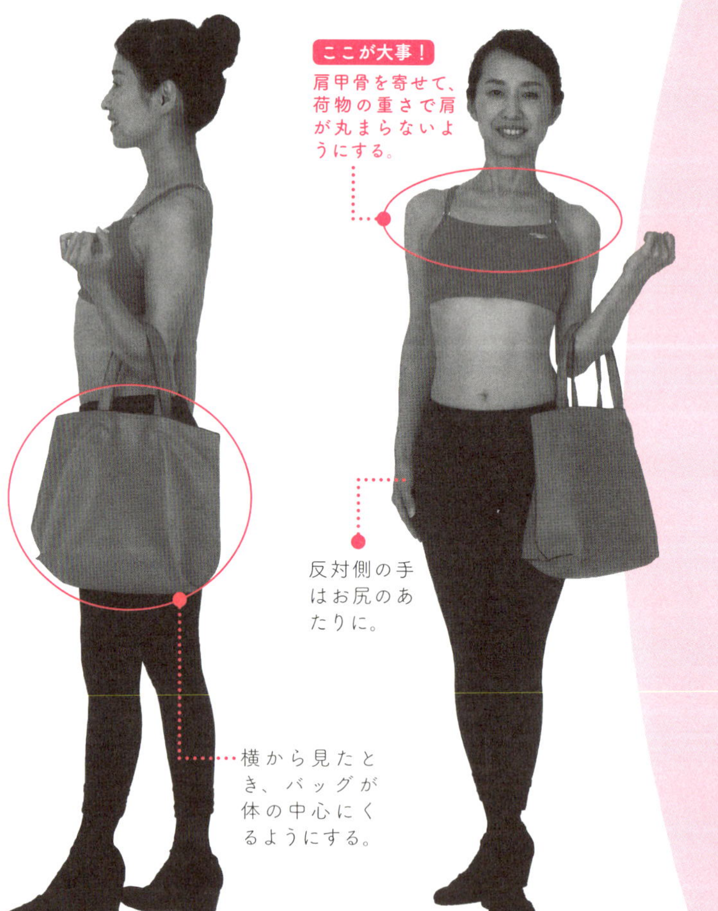

ここが大事！
肩甲骨を寄せて、荷物の重さで肩が丸まらないようにする。
反対側の手はお尻のあたりに。
横から見たとき、バッグが体の中心にくるようにする。

女性のみなさんは、外出時にかならずバッグを持ちますよね。バッグの重みで肩が丸くなったり、重心が変わることで姿勢がくずれてしまっている人が多いのです。

ほんの少しバッグの持ち方を意識することで、きれいな姿勢、そしてきれいな体型をつくることができます。

左ページの肩にかけるバージョンは、男性にもおすすめ。

こちらも
プラス

毎日のクセで
姿勢や体型に
影響が出ます！

手前の角に手をおいてもOK。自然に肩甲骨が動いて肩が開く。

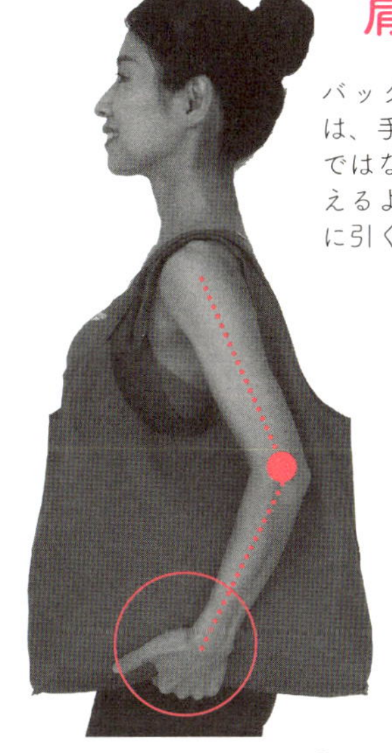

肩にかける

バッグを肩にかけるときは、手を持ち手にかけるのではなく、バッグの下を支えるようにしてひじを後ろに引く。

NG
NO GOOD

老けて
見えます！

上：お腹にぜい肉がつきやすい「おばさん歩き」。肩は前に巻いて猫背になり、ひざが曲がってペタペタ歩きに。

下：バッグの重みで上半身が後ろに傾き、重心がうまくとれずひざを曲げた歩き方に。

腰痛やひざ痛の
原因にも！

前で持つ

持ち手をおへその前あたりにして、ひじを後ろに引く。

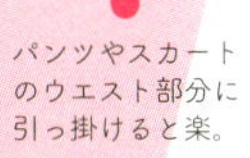

パンツやスカートのウエスト部分に引っ掛けると楽。

NG
NO GOOD

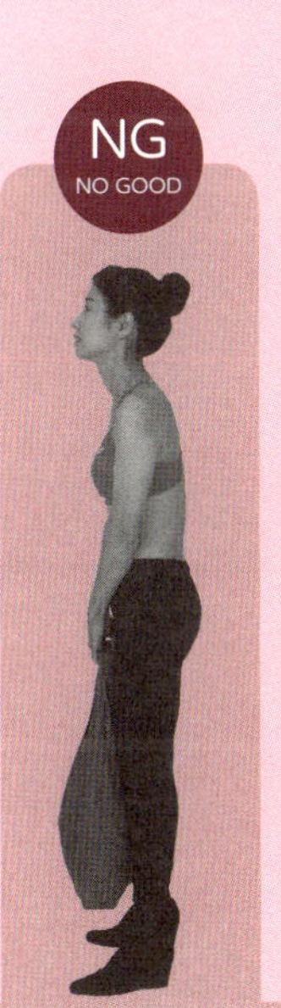

手をだらんと下げて持つと、自然と猫背になり、重心が下がって荷物が重く感じる。

応用編③普段の生活で
くつろぎタイムはくびれのチャンス

ここに効く！
お腹全体
太もも

おうちでゆっくりテレビやDVDを見たり、ゆっくりお風呂に入ったり……。くびれメイクのチャンスは、リラックスタイムにも潜んでいます。

ほんのちょっとの足上げやストレッチを行うことで、筋トレ効果&筋膜が伸びるため、しなやかな筋肉をつけることができるのです。

まずはCM中の数分間から、はじめてみましょう。

テレビを見ながら

ソファやリラックスチェアに座るときは、ひざを軽く曲げて足を上げる。

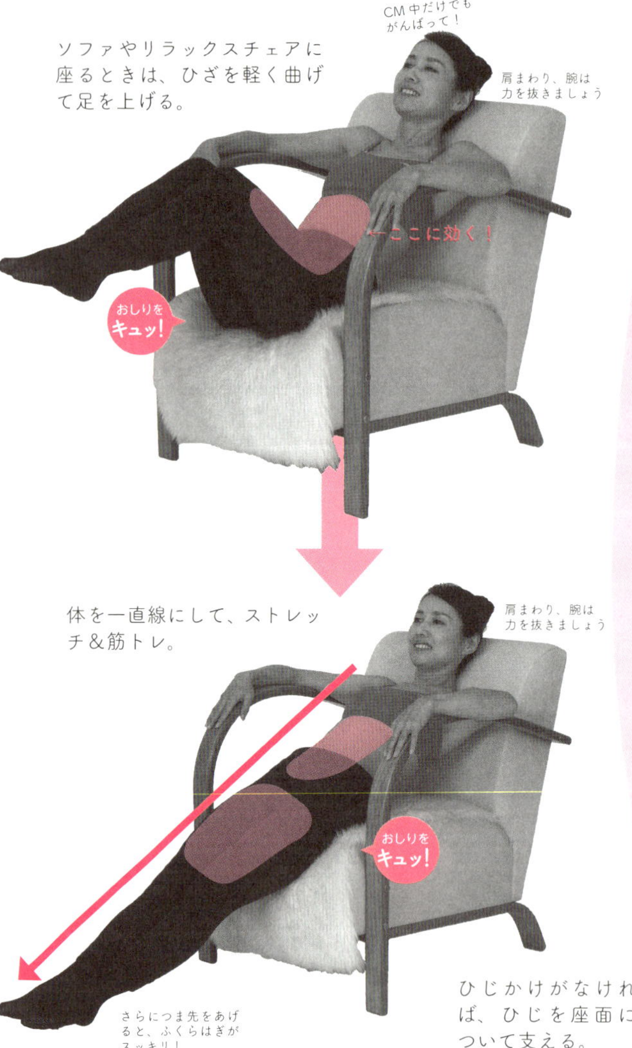

CM中だけでもがんばって！
肩まわり、腕は力を抜きましょう
←ここに効く！
おしりをキュッ！
肩まわり、腕は力を抜きましょう
おしりをキュッ！
さらにつま先をあげると、ふくらはぎがスッキリ！

体を一直線にして、ストレッチ&筋トレ。

ひじかけがなければ、ひじを座面について支える。

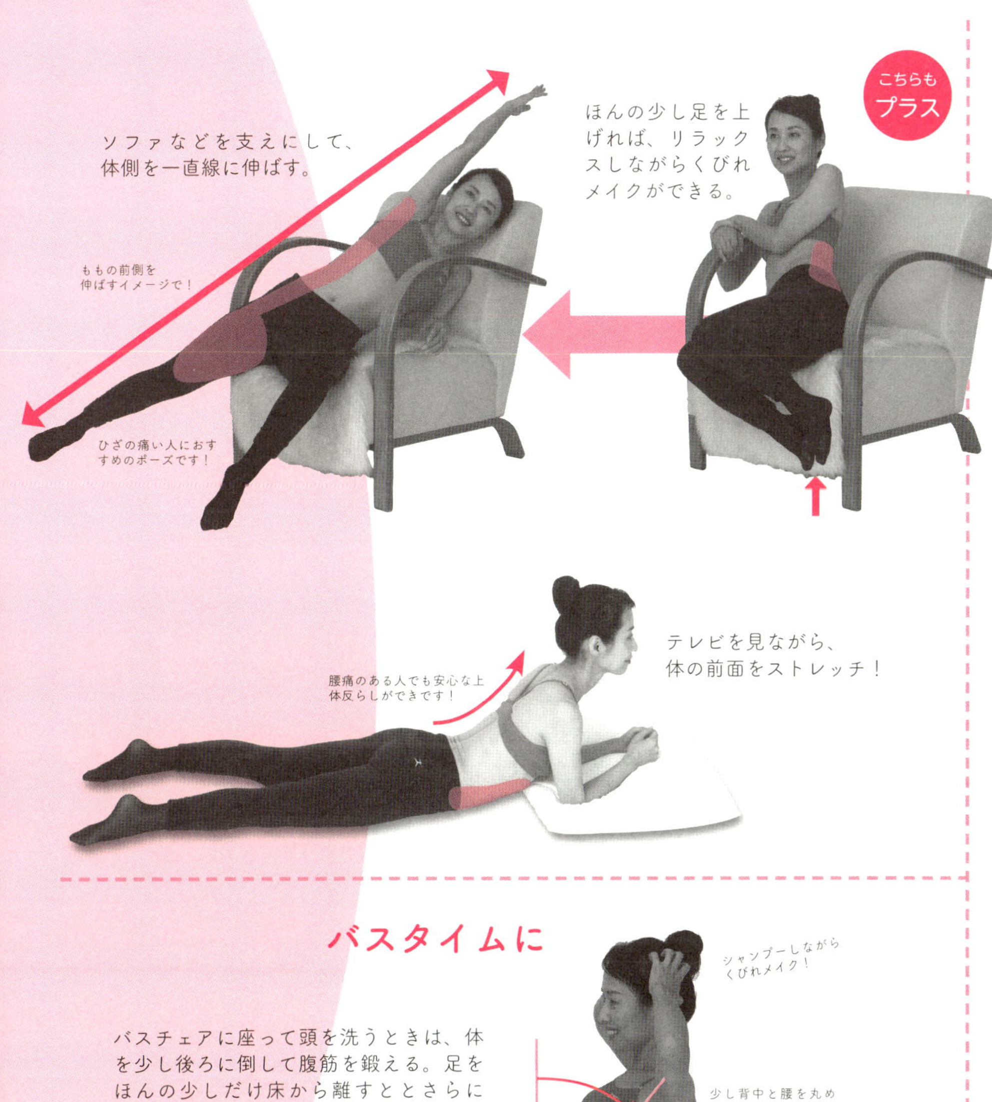
こちらも
プラス
もも の前側を
伸ばすイメージで！
ひざの痛い人におす
すめのポーズです！
腰痛のある人でも安心な上
体反らしができです！

ソファなどを支えにして、
体側を一直線に伸ばす。

ほんの少し足を上げれば、リラックスしながらくびれメイクができる。

テレビを見ながら、
体の前面をストレッチ！

バスタイムに

バスチェアに座って頭を洗うときは、体を少し後ろに倒して腹筋を鍛える。足をほんの少しだけ床から離すとさらにgood！

シャンプーしながら
くびれメイク！

少し背中と腰を丸めるようにすると楽に効きます！

おへそをへこませる
イメージで！

おしりを
キュッ！

すべらないように、座面に
タオルなどを敷きましょう。

Let's get started.

半年後、1年後のあなたが別人になる

美しいからだは習慣でつくられます！

みなさんは、やせたい、体型を整えたいと思ったら、何をしますか？スポーツジムに通ったり、食事制限をしたり、DVDを見ながらエクササイズをしたり……。

でも、なかなか続かない。そう思いませんか？

まさに、わたしもそうなんです。ダイエットカウンセラー、健康指導講師として毎日忙しくしているので、なかなか自分の時間がとれません。日々、実践しているのは、本書で紹介したポーズをとったり、そのときどきにあわせたストレッチやポーズをほんの少しするくらい。時間はまったくかけていません。

くびれをつくるチャンスは、日常の中に隠れています。

朝起きたとき、歯を磨くとき、メイクをしているとき、料理をしているとき、通勤中、仕事中、バスタイム、くつろいでいるとき……。

これらの日常の中で、**「いまがくびれをつくるチャンス！」**と、これまで紹介したことを、ぜひ実践してみてください。

最初は少しずつでかまいません。3日に一度でもいいんです。それがストレスなく行えれば、きっと、毎日の習慣にできるはず。

大切なのは、付け焼き刃ではなく、自分自身の習慣にしてしまうこと。

立ち方、歩き方を変えるだけでも、半年後、1年後……、そして10年後のあなたは、間違いなく別人です。

だからこそ、無理をしないで、時間もかけないで、ふだんの生活に取り入れられることからはじめてほしいと思います。

くびれをつくるチャンスは逃さない！　たとえばドライヤーをかけるときは、22～23ページで紹介したポーズをとりながら。他にも、32～33ページ、43ページ、54～55ページ、72～73ページなどを参考に。毎日続ければ、当たり前の習慣になる。

column

掃除は最高のくびれチャンス！

日常生活の中でも、とくにくびれのチャンスがつまっているのが「掃除」です。お掃除ロボットもいいですが、たまにはエクササイズのつもりで、床の雑巾がけや窓ふきをしてみましょう。

腕を遠くまで伸ばし、体側のストレッチができる掃除は、全身運動になり、くびれ効果が絶大です。また、スクワットをしながら窓拭き、なんていうのもありですよね。

生活というのは、すべてつながっているもの。部屋をいつもきれいにしておくことは、精神的にも非常によい効果があります。部屋がだらしなく散らかっていると、体型もだらしなくなってしまいます。

……実際わたしも、太っていたころは部屋も散らかっていたんです。

いつもきれいな部屋を保つには、こまめな掃除がいちばん。わたしは出かけるときにキッチン、トイレなど、1分ずつ、ささっと掃除をすませてしまいます。

掃除は習慣です。毎日やれば楽チンですが、汚れがたまってくると、落ちにくいし、時間がかかります。それでよけいにめんどうくさくて、やらなくなる……あれ、これって身体につく脂肪と似ていますね。

「あとでやろう」ではなく、歯磨きのように毎日の習慣にすることで、きれいな部屋も、引きしまった身体も保たれるのです。

ぞうきんは最高のエクササイズグッズです！

chapter

2

ずぼらでできる
ながらボディメイク

Let's get started.

朝型&ながらトレーニングでくびれをキープ

わたしの一日の過ごし方を紹介します

わたしは**朝型人間**です。朝からごはんをしっかり食べ、家事はもちろん、かんたんな仕事も出勤前に済ませてしまいます。帰って部屋が散らかったままだと、ガックリしてしまいますから(笑)。

日々忙しくしているので、トレーニングの時間をとる余裕はありません。土日も講演やセミナーなどがあり、なかなか決まった休みもとれません。ですから、朝から晩まで、移動中の電車内や仕事の合間、ドライヤーをかけるときなど、**ちょっとしたスキをみつけて、本書で紹介した簡単なポーズをとったり、ストレッチをしたり**しています。

移動中は大股で早歩きをし、できるだけ**階段を使います。**エスカレーター

食事例①
ふかしたさつま芋、玄米パン、ゆで卵と蒸し魚(バジルソース添え)、きゅうり。

食事例②
玄米ごはん、蒸し鶏、蒸した野菜ときのこ、天然塩と黒ごま。

やエレベーターに乗るときは、お尻、お腹、内ももをキュッとしめています。ちょっとした習慣が、くびれづくりに大いに役立っているのです。

極力外食はせず、食事（玄米ご飯、お味噌汁、おかずなど）は**時間の余裕がある日につくりおき**をしています。

ごはんやおかずを温めるときは、電子レンジではなく、**栄養素が逃げない蒸し器**を利用します。ズボラなわたしは、いつもキッチンに蒸し器が出しっぱなし。これならすぐに調理できます。

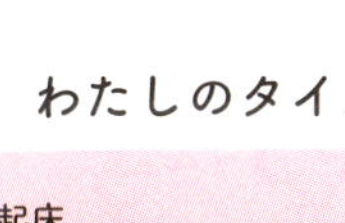

わたしのタイムテーブル

5:00〜6:00
起床
お客様のメールやラインをチェックし、食事指導など。時間があればSNSをチェック。

7:00
朝食
玄米ご飯、具だくさん味噌汁、お刺身などの魚料理、納豆など、しっかりした和食。

お弁当づくり
つくりおき利用して、手早く栄養バランスのよいものを。

身支度
ふだんはファンデーションを使わないので、メイクに時間はかかりません。

洗濯・掃除
わずかな時間で手早く済ませます。とくに掃除は、毎日やれば汚れがたまりません。

・時間があれば書類整理などのデスクワーク

出勤

9:00
仕事
サロンでの仕事、またはセミナー・講演など。

10:00
小腹がすいたら、ふかし芋などをいただく。

12:00
昼食
その日のスケジュールによって、12時から15時の間に手づくり弁当。忙しいときは、夕方になることも。でも、朝しっかり食べているので大丈夫。

仕事

16:00
枝豆や玄米や押し麦のおにぎりをいただくことも。

帰宅

20:00〜21:00
夕食
つくりおきなどで、かんたんに済ませます。忙しいときは、サロンにお弁当を持参します。

・メールチェック、SNSやブログのチェックや更新
・バスタイムにストレッチや簡単なトレーニング
・日中にできなかった仕事など

23:00〜24:00
１日の感謝をして、日記をつけます。

就寝

22時〜2時は、美肌やダイエットに効果がある成長ホルモンが最も多く分泌されるシンデレラタイム。できればこの時間にしっかり睡眠を。大切なのは入眠から3時間なので、遅くとも2時までに就寝しましょう。

ただけるものもたくさんありますので、毎日の習慣に、ぜひ取り入れてみてください。

もちろん、全部行う必要はありません。**気になる部位のエクササイズを実行して、しなやかな、あなたの理想体型を目指しましょう。**

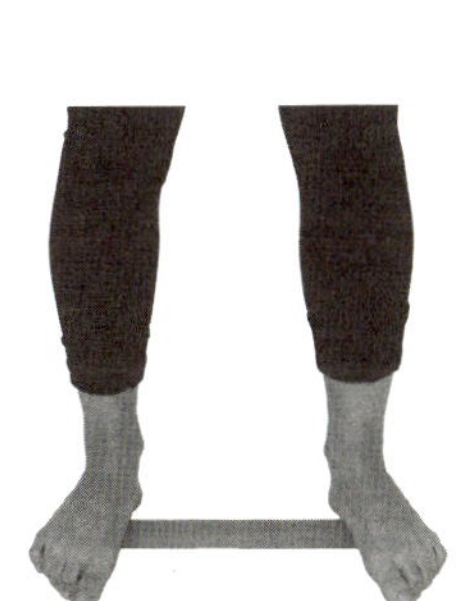

両端に乗って
ピンポイントに刺激

足を傾けて
足裏の内側を刺激

ながらボディメイク①ウエスト

ウエストを引きしめてくびれメイク

1

足を肩幅に開いて立ち、
手を前方に伸ばす。

おしりをキュッ!

NG
NO GOOD

背中が丸まらないようにする

2

ハッ!

ここが大事!
ウエストがひねられているのを意識しながら行う。

ここに効く!

おしりをキュッ!

片方のひじを後ろに引き、
同時に同じ側の足を上げる。

そのまま8秒キープ。慣れてきたら1、2をリズミカルに繰り返す。
反対側も同様に行う。

ここに効く!
ウエスト
背中

下半身にお肉がつきやすい人もいれば、上半身にお肉がつきやすい人もいるでしょう。

同じ下半身といっても「太ももが気になる」「ふくらはぎを細くしたい」「お尻を引きしめたい」など、体型についての悩みって、本当に人それぞれです。また、「ウエストまわりは細く、でも、バストアップしたい」というぜいたくな悩みもあります。

よく、部分やせはむずかしいといわれます。

でも、**その部位を効果的に動かすことで、脂肪を燃やし、筋肉をつけ、**

よく目にするところに
や着たい服を飾ってお

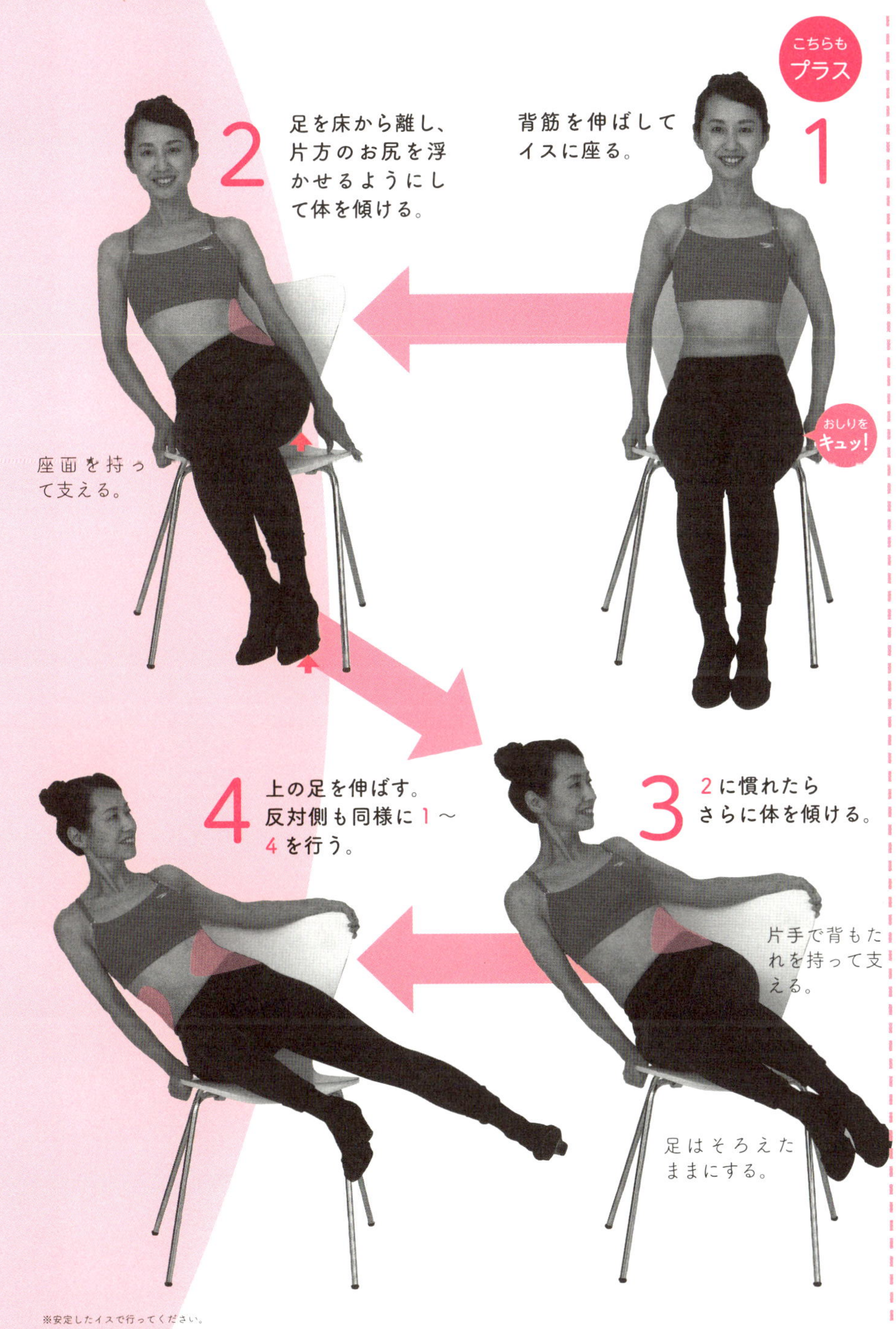

※安定したイスで行ってください。

ながらボディメイク②お腹

お腹ぽっこりにしっかり効く！

1
イスの上に横向きに座り、
ひざを曲げて足を持ち上げる。
ここに効く！→
背すじは
まっすぐ伸ばす
2
ここまではかんたん！
体勢を変えて、イスの上で仰向けなる。イスを支えにしながら、ひざを曲げて足を上げる。
おしりをキュッ！
きつければ、2～4は点線の部分をベッドで行ってもOK！

ここに効く！
お腹　背中
お尻
太もも

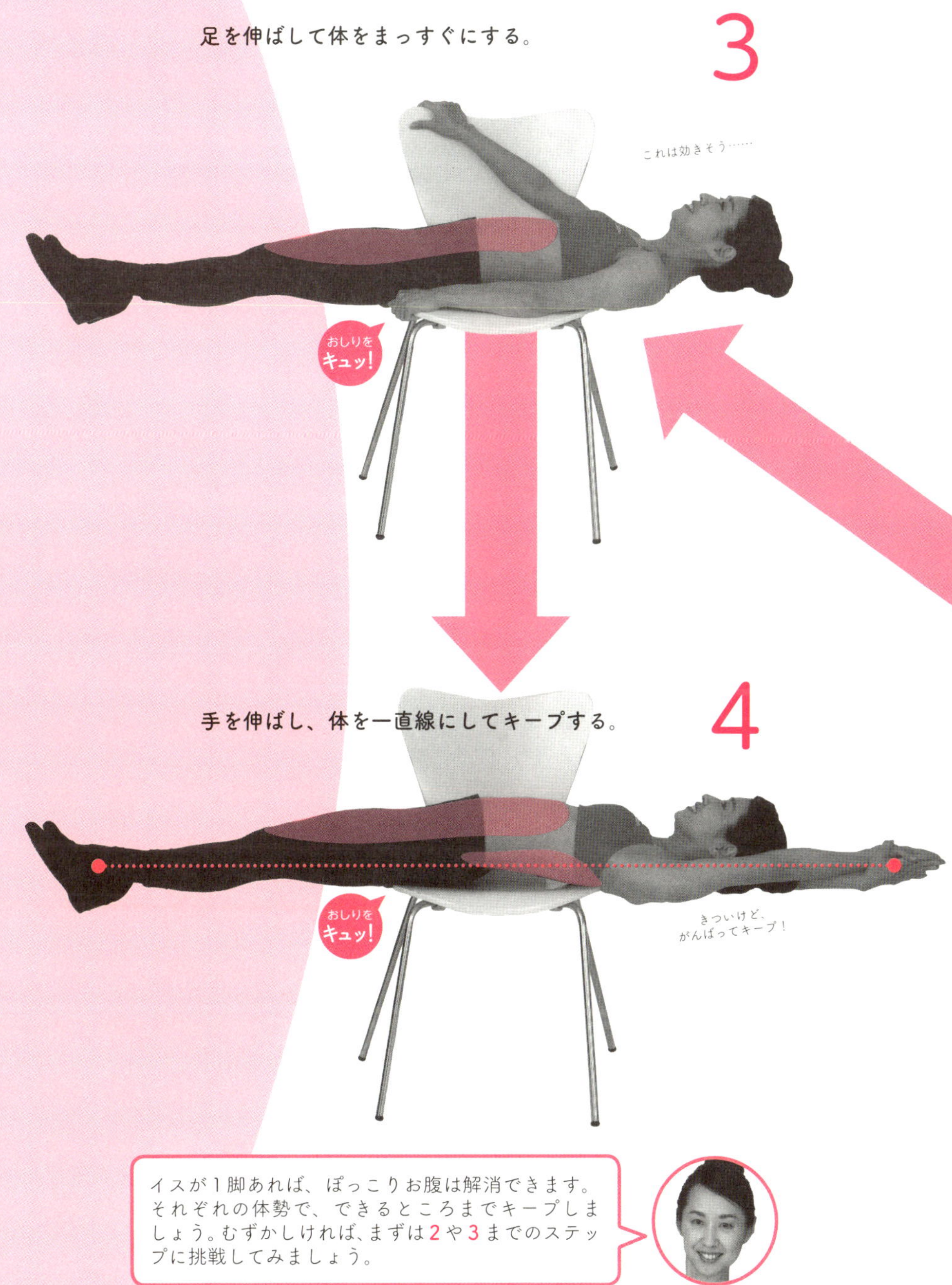

イスが1脚あれば、ぽっこりお腹は解消できます。それぞれの体勢で、できるところまでキープしましょう。むずかしければ、まずは2や3までのステップに挑戦してみましょう。

※安定したイスで行ってください。

ながらボディメイク③背中

落ちにくい背中のお肉を撃退！

スーパーマンのポーズ

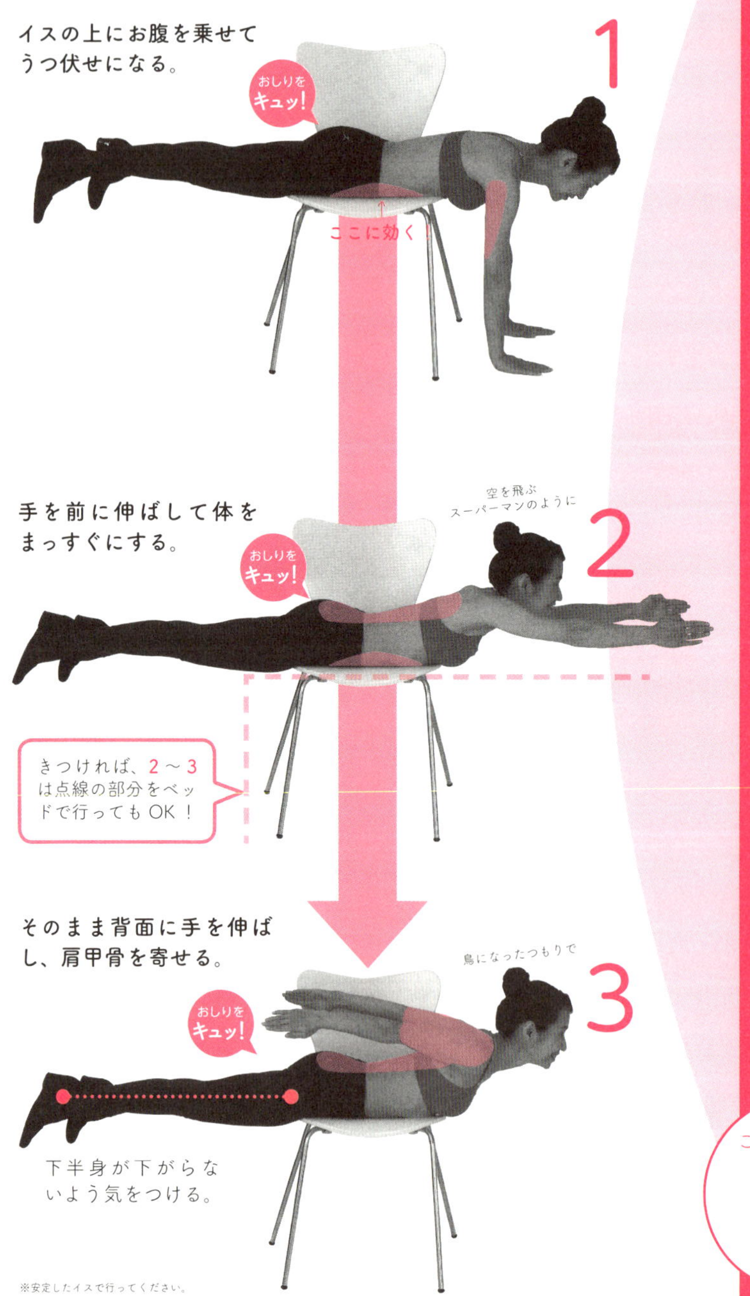

1
イスの上にお腹を乗せてうつ伏せになる。
おしりをキュッ！
ここに効く！
2
手を前に伸ばして体をまっすぐにする。
空を飛ぶスーパーマンのように
おしりをキュッ！
きつければ、2～3は点線の部分をベッドで行ってもOK！
3
そのまま背面に手を伸ばし、肩甲骨を寄せる。
鳥になったつもりで
おしりをキュッ！
下半身が下がらないよう気をつける。

※安定したイスで行ってください。

ここに効く！
背中
二の腕
お尻

タオルエクササイズ

肩こりが緩和し、
肩甲骨がやわらかくなります！
1
タオルの両端を持ち、
上に上げる。
首の後ろにまわし、
肩甲骨を寄せる。
タオルを片方に引き寄
せ、ななめにする。
そのままななめ上
に上げる。
タオル１本で背中やせ！
2
タオルが背面で縦にな
るようにする。
タオルを上げる。
タオルを下げる。
NG
NO GOOD
腰を反らないよう
に注意する。

ながらボディメイク④二の腕

たるたる二の腕をスッキリさせる

ここに効く！
二の腕
ウエスト
背中

こちらも プラス

片手を上げ、ひじを曲げて頭の後ろに。もう一方の手でひじを倒してストレッチ。

ここまで曲げるのはむずかしいので、
ひじが上を向く程度で OK
肩こり対策にも
おすすめ！

背面

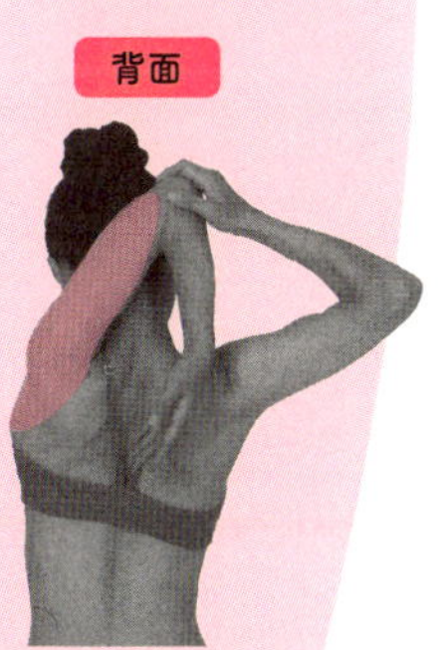

むずかしければ、手をつないで引っ張るだけで OK。

反対側も同様に行い、左右交互に繰り返す。

ハッ！
3
掌底打ちのポーズです！
おしりを
キュッ！

ここが大事！
後ろにしっかり引くことで、ウエストがひねられえ、背中やウエストにも効果大！

1から3の動きを交互に素早く繰り返すと有酸素運動になり、肩甲骨の間にある褐色脂肪細胞が働いて、脂肪が燃焼する。

こちらも プラス

イスを使って腕立て伏せのポーズをとる。

肩の力を抜き、
二の腕を体に
ぴったりくっつけて
軽くひじを
曲げると、
さらに効く！

二の腕をだけでなく、体幹全体に効く！

※安定したイスで行ってください。

ながらボディメイク⑤首まわり

年齢が出る首まわりのお肉はこうとる

ここに効く！
首すじ
肩

1
まっすぐ前を向く。

2
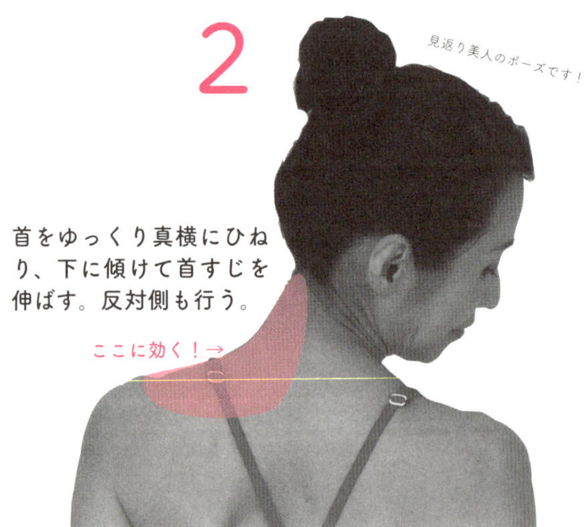

見返り美人のポーズです！
ここに効く！→

首をゆっくり真横にひねり、下に傾けて首すじを伸ばす。反対側も行う。

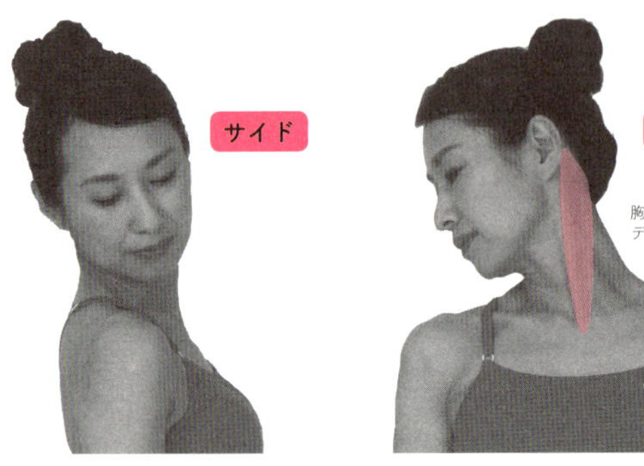

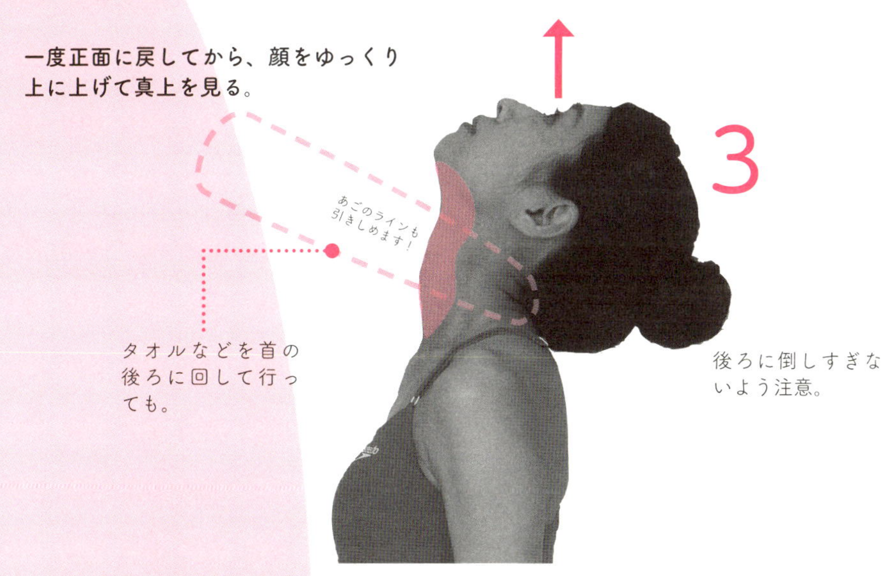

3

一度正面に戻してから、顔をゆっくり上に上げて真上を見る。

タオルなどを首の後ろに回して行っても。

後ろに倒しすぎないよう注意。

こちらも プラス

手のひらを後ろにつき、ひじを曲げながら上体まっすぐ後ろに倒していく。

肩まわりの力を抜いて

NG NO GOOD

ひじの角度や、肩をすくめないように注意！

イスやソファを使っても。

お腹にも効きます！

おしりを キュッ！

※安定したイスで行ってください。

ながらボディメイク⑥お尻

パンツが似合う美尻になる！

ここに効く！
お尻
太もも
お腹

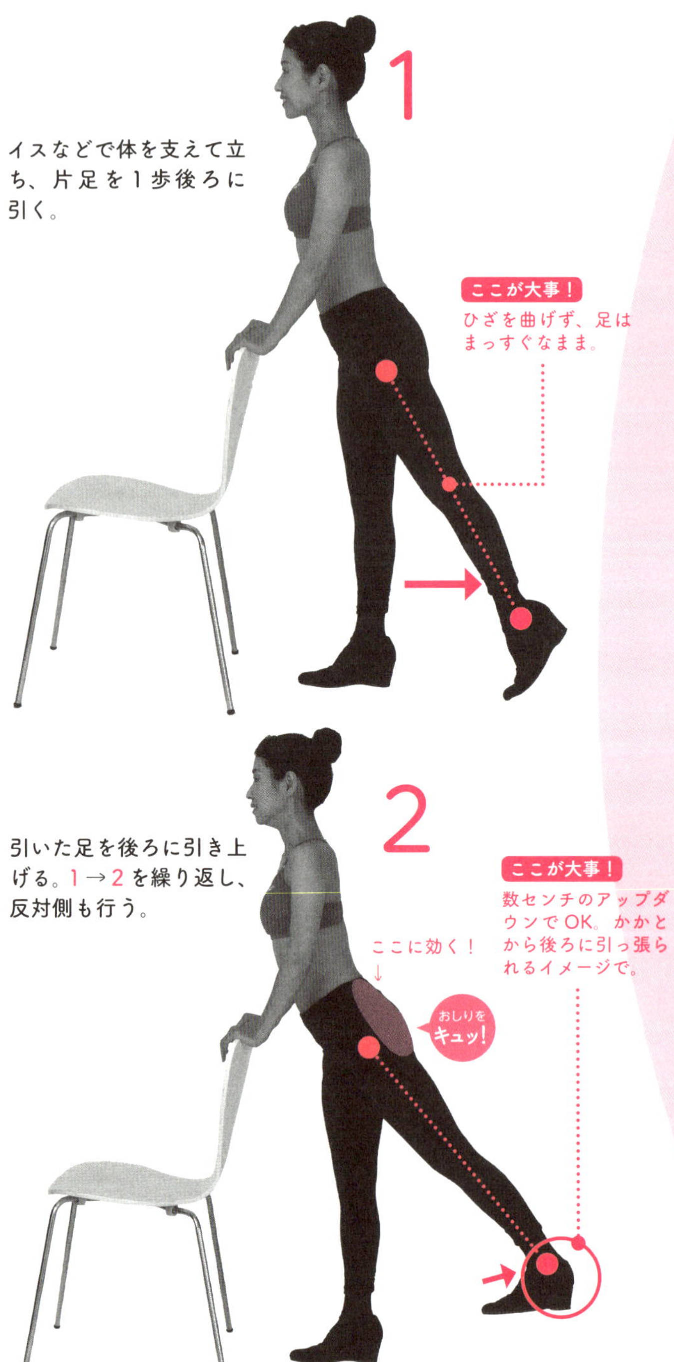
1
ここが大事！
ひざを曲げず、足はまっすぐなまま。
2
ここが大事！
数センチのアップダウンでOK。かかとから後ろに引っ張られるイメージで。
ここに効く！
↓
おしりをキュッ！

1 イスなどで体を支えて立ち、片足を1歩後ろに引く。

2 引いた足を後ろに引き上げる。1→2を繰り返し、反対側も行う。

こちらも
プラス

1　両ひざをついた状態から、片方の足を前に出す。イスなどで体を固定する。

2　そのまま上体を持ち上げる。1→2のアップダウンを繰り返し、小刻みに、リズミカルに行うと効果的。反対側も行う。

ひざが痛い場合はクッションなどを使っても。
おしりを
キュッ!
ここが大事!
それぞれ90度になるようにする。
ここが大事!
上体をまっすぐ上に引き上げるイメージで。
数センチのアップダウンでOK。

※安定したイスで行ってください。

ながらボディメイク⑦脚

美脚はながらでできる！

きれいな脚のラインの決め手は、ストレッチ。筋膜を伸ばして、疲れをとり、血行やリンパの流れをよくします。

信号待ちのときに

1 片足を一歩前に出す。

2 かかとをつけたまま、つま先を上に上げる。

重心を前に。

←ここに効く！

裏側の筋膜が伸びる！

ここに効く！
下半身全体

家事の合間に

1
片足を一歩前に出す。

2
足指を内側に曲げてつま先を立てるようにする。

前側が伸びる！

靴は履かずに行う。

代謝アップやむくみ対策にも効果大！
いつでも、どこでもできるので、ぜひ毎日の習慣にしてくださいね。

ながらボディメイク⑧ふくらはぎ

スカートが似合うほっそりふくらはぎ

ここに効く！
ふくらはぎ
下半身全体

外側

足裏の外側で立つ。

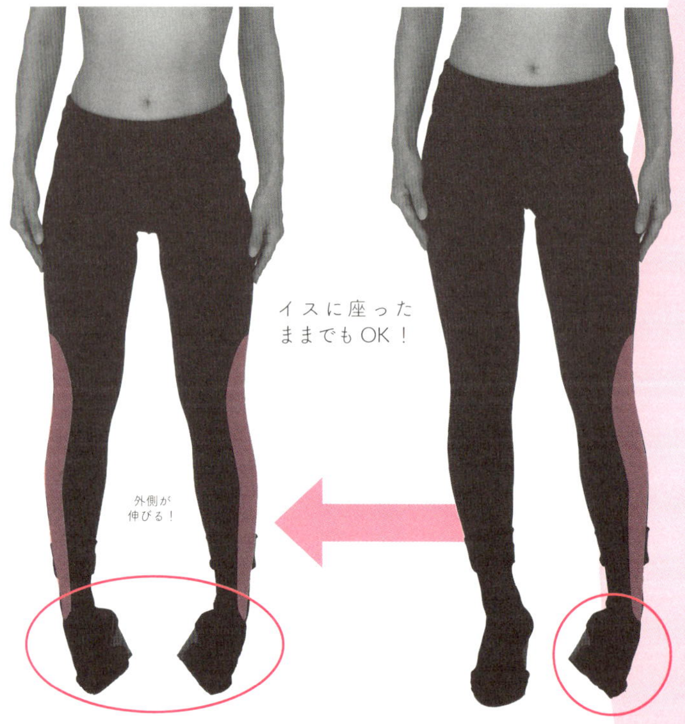
外側が
伸びる！

イスに座った
ままでもOK！

こちらも
プラス

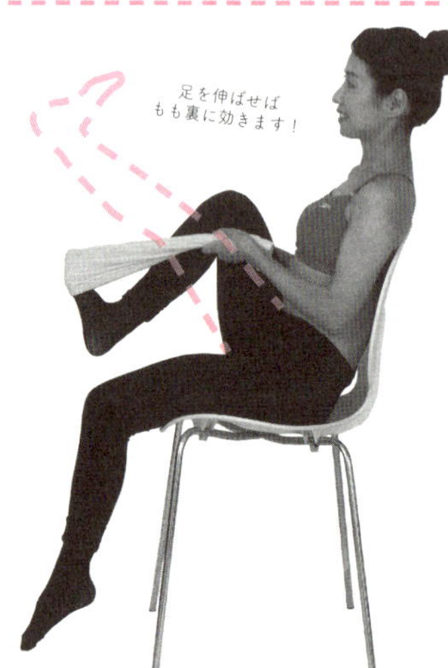
足を伸ばせば
もも裏に効きます！

イスやソファに座り、片足を曲げる。曲げた足にタオルをかけて、アキレス腱からふくらはぎにかけてじっくり伸ばす。

内側

足裏の内側で立つ。

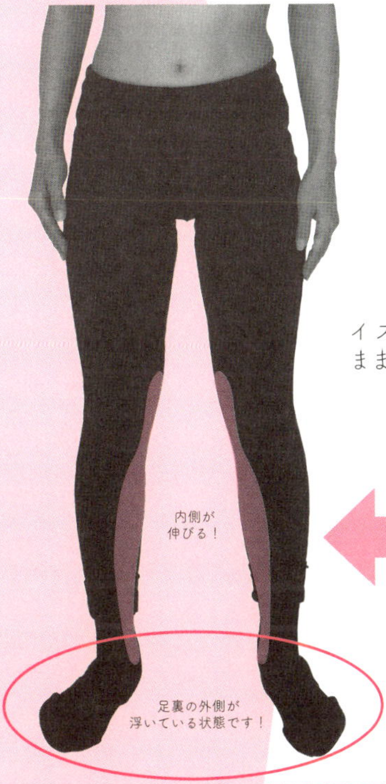

イスに座ったままでも OK！

内側が伸びる！

足裏の外側が浮いている状態です！

正座で座り、片方のひざを立てる。ゆっくり上体を傾けて、ふくらはぎを伸ばす。

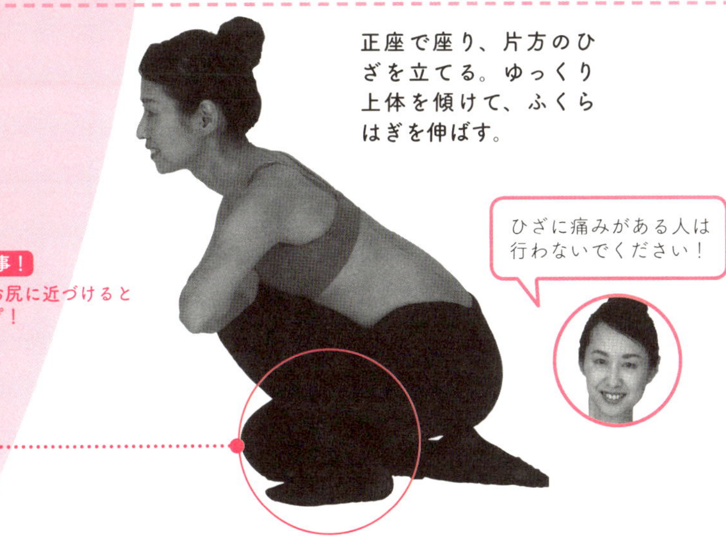

ここが大事！
かかとをお尻に近づけると効果アップ！

ひざに痛みがある人は行わないでください！

ながらボディメイク⑨バストアップ

バストしっかりのメリハリボディ

ここに効く！
バスト
二の腕
前腕

1 足を肩幅に開いて立ち、手のひらを合わせる。

ここが大事！
前腕が水平になるようにする。
ここが大事！
手のひらは肩の高さくらいで合わせる。
肩まわりの力を抜く。
サイド
イスに座ったままでもOK！

2　合わせた手のひらの中心に向かって力を入れ、ゆっくり息を吐きながら、顔の位置まで上げていく。

胸筋をきたえてバストを土台から持ち上げ、美しいラインを保ちましょう

ここまで上げたら
がんばって
10秒以上キープ！

前腕は水平のまま移動する。

ここに効く！

サイド

NG
NO GOOD

肩をすくめたり、手の位置が低すぎたりに注意する。

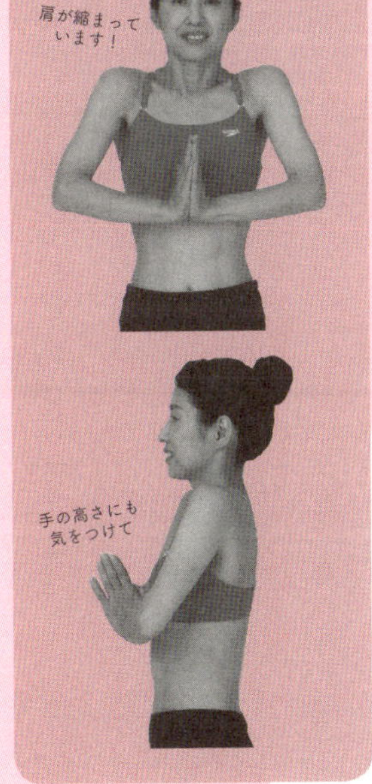

肩が縮まっています！
手の高さにも気をつけて

ながらボディメイク⑩スクワット

絶対やせる最強パルススクワット

1 足を肩幅に開いて立ち、腰を下げる。

ひざがつま先よりも前に出ないようにする。

座ろうとして座らない、立とうとして立たないパルススクワットは、下半身だけでなく、全身を燃やします!

最初はイスなどを使ってもOK。正しいフォームで行うことが大事。

ここに効く!
太もも
お腹
全身

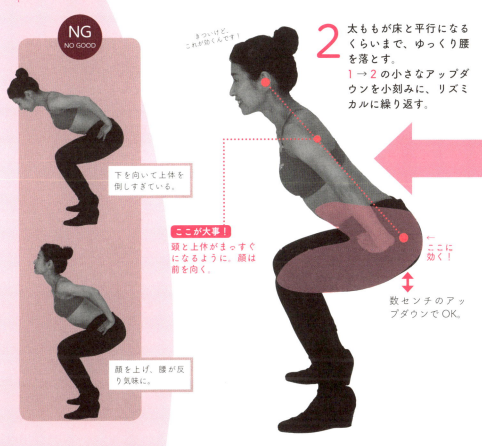

NG
NO GOOD

下を向いて上体を倒しすぎている。

顔を上げ、腰が反り気味に。

きついけど、これが効くんです！

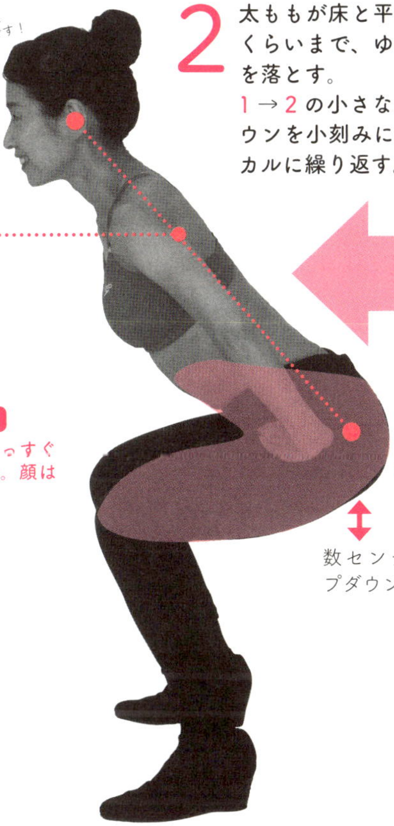

2 太ももが床と平行になるくらいまで、ゆっくり腰を落とす。
1→2の小さなアップダウンを小刻みに、リズミカルに繰り返す。

ここが大事！
頭と上体がまっすぐになるように。顔は前を向く。

←ここに効く！

数センチのアップダウンでOK。

パルススクワットの要領で、両足を開く股割りにチャレンジ！

こちらもプラス

足が床と水平になるくらいまで、さらに腰を落としてキープ。

足を開いて腰を落とす。

column

片足で立ってみよう

筋力が衰えていないかどうかをたしかめるために、ぜひ定期的にやってみてほしいことがあります。

①イスに座り、片足を浮かせる

②その状態から、もう片方の足の力だけで立ち上がる

さて、できたでしょうか？　もしもできなかったら、筋力が衰えはじめているサイン。「ロコモティブシンドローム」や「サルコペニア肥満」の心配があります。ぜひ本書で紹介するスクワット（60ページ）で、下半身のトレーニングを実践してみてください。

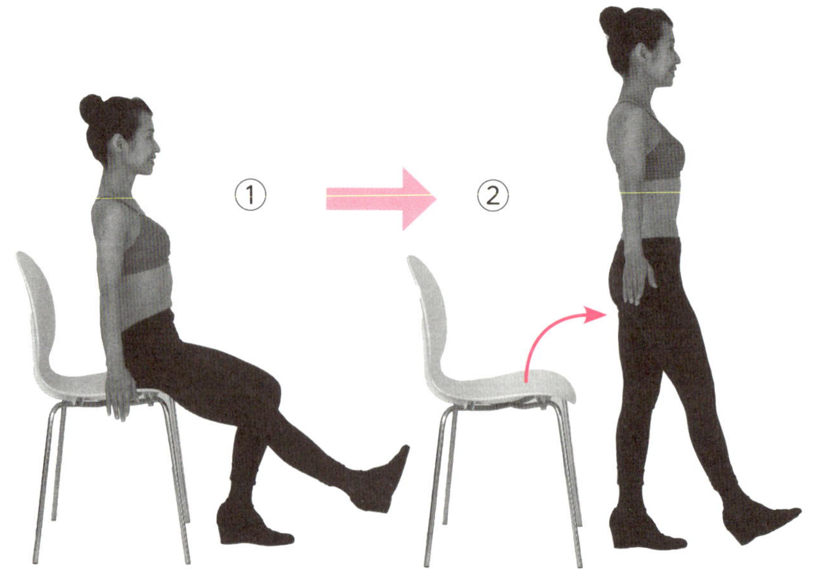

イスの高さが低いほど難易度が上がります。まずは一般的な高さである45cmくらいのイスで行いましょう！

chapter

3

効果てきめん！
秘密の裏ワザエクササイズ

Let's get started.

なぜ、これまで続けられなかったのか！

ダイエットの効果を上げるには「理由」を知ること

ダイエットが続かないという人はたくさんいます。

運動でも、勉強でも、仕事でも、なんでもそうですが**「これをすることが、何にどう効いているんだろう」**ということがわからないと、なかなかやる気にならないものですよね。

ですから、わたしはアドバイスをするとき、たんに「これを食べればいいですよ」「この運動をすればいいですよ」だけで終わらせないようにしています。**「なぜこれを食べるといいのか」「なぜこの動きをするといいのか」**ということを、しっかりお伝えするようにしています。

みなさんは、なぜ毎日歯磨きをするのでしょう。それは「歯を磨かないと虫歯になる」ということを知っているから。だから、当たり前の習慣として、続けられるのです。

このように、**「理由」や「根拠」を理解すること**が、やる気になる、続けやすい、習慣にしやすいということにつながるのです。

理由や根拠をお伝えすることで、これまで何をやっても続かなかった方が、５キロやせた、10キロやせたという例がたくさんあります。

本書でお伝えするエクササイズやポーズも、「この動きはどこの筋肉に効いているのか」「何に効いているのか」と意識しながら行うことで、より効果が上がります。メインテーマである「くびれ」のポーズも、**「いま、くびれをつくるための動きをしている！」**と意識しながら行うことをおすすめします。

次のページからは、少し趣向を変えて、シーン別のエクササイズやポーズを紹介します。

「代謝を上げたい」「便秘を解消したい」「肩こりや腰痛を解消したい」など、状況別に効くものばかり。すべて因果関係のあるものですから、ぜひ、思い当たるときの習慣にしていただきたいと思います。

知っているか知らないか、やるかやらないか、そしてそれを習慣にできるかどうかで、あなたの身体は確実に変わります。

効果てきめんの裏ワザ①代謝を上げる（1）

「その場ダッシュ」で代謝アップ！

ここに効く！
ウエスト
二の腕
全身

代謝を上げるためにおすすめなのが、このページで紹介するその場ダッシュや、68〜69ページのキックです。

その場ダッシュはその場から動かず、腕と足を動かします。いつでも、どこでもできて、ドタバタしないので騒音も気になりません。

ウエストまわりにしっかりひねりが入るので、全身に効き、脚やせ効果もあります。

その場ダッシュで体温を上げましょう

1

ひじを曲げて腕を前後に振りながら、その場で足踏みをする。

ここが大事！
ひじを曲げてしっかり後ろに引き、肩甲骨をしっかり動かす。

つま先は地面につけたまま、かかとのみを上下させるとドタバタしない。

その場スイングでかろやかに
こちらもプラス
腕を横に振り、下半身（胃から下）逆のほうに振り向ける。
おしりをキュッ!
つま先を重心に半ターンする。左右交互に繰り返す。
音楽を聴きながらリズミカルに！

2

全速力でダッシュするときのように、1→2の動作を素早く繰り返す。

「ハッハッハッ……」を息を吐きながら！

ウエスをのひねりをひっかり感じて！

サイド

おしりをキュッ!

ひざとひざをこすりあわせるようにする。

うっすら汗をかいて、体温が上がるくらいまで続けてみましょう。

効果てきめんの裏ワザ②代謝を上げる（2）

キックで鍛えながらリフレッシュ！

サイドキックで
わき腹肉撃退！
おしりを
キュッ!
床と水平に
なるくらいまで
←ここに効く！
ここが大事！
くるぶしから突き
出すようにする。
こちらも
プラス
悪漢を倒すような
イメージで！
かかとは上、
つま先は下向きに

1

こぶしを軽く握ってひじを曲げ、太ももを上げる。

2

上げた足をサイドにけり出す。反対側も同様に行う。

上げた足を真横もしくはやや上に蹴り出す。同時に上体は反対側に傾ける。反対側も行う。

むずかしければ、イスなどを支えにするる。

ここに効く！
ウエスト
体側
太もも

バックキックで体幹を鍛える！
1
こぶしを軽く握ってひじを後ろに引き、太ももを上げる。
お腹を引きしめる
おしりをキュッ！
2
上げた足を後ろにけり出し、同時に同じ側の腕を突き出す。反対側も行う。
後ろのひじをさらに後ろに引くと効果アップ！
むずかしければ、イスなどを支えにする。
ここが大事！
かかとから突き出すようにする。
こちらもプラス
体が真横に一直線になるようなイメージで、上げた足を後ろにけり出し、同時に同じ側の腕を突き出す。反対側も同様に行う。
かっこよく、キックのポーズを決めましょう！

効果てきめんの裏ワザ③消化をよくする

食べ過ぎをかんたんリセット！

ここに効く！
体側
大腸

食べ過ぎてしまったときの応急処置として、ぜひ習慣にしてほしいのが、右の体側を伸ばすストレッチです。
内臓の右側をストレッチすることで、大腸の流れをよくして、消化を促進します。また、右側にある肝臓を刺激することで、デトックス効果や代謝アップも期待できます。
「食べ過ぎたら右側を伸ばす」と覚えておきましょう。

1

足を肩幅くらいに開き、左手を腰にあて、右手を上に上げる。

外食を楽しんだあとはなんだか体が重い……

ここが大事！
腕が耳の横にくるようにする。

2

そのままゆっくり体を左に倒し、右の体側をじっくりストレッチする。

ここが大事！
腕が顔の前に倒れないようにする。

こちらもプラス

右ひざを曲げて左に傾けると、効果アップ！

デスクワーク中や信号待ちなどで、体を左に傾けるだけでも効果あり！

無理をせず、倒せるところまででOK。右側が伸びているのを感じて。

効果てきめんの裏ワザ④便秘を解消する

腰回しでお通じをよくする

ここに効く！
お腹全体
お尻

正しい姿勢で立ち（21ページ）、手を腰にあてる。

ひざを軽く曲げて、お尻を後ろに突き出すようにする。

1
2
おしりをキュッ!
ここが大事！
顔は前を向いたままにし、上体は固定する。
サイド

1周8カウントで、1から7まで息を吐き、8で吸います。じっくり、ゆっくり、効果を感じながら回しましょう！

便秘になると、お腹がはってすっきりしない、体全体が重だるく感じる……。つらいですよね。便秘気味のときは、この腰回しエクササイズで腸を刺激しましょう。

腰を旋回させるようなイメージで、骨盤をていねいに回していきます。もちろん、くびれメイクにも抜群の効果あり。お腹まわりの筋トレにもなり、骨盤のゆがみも整えます。

そのまま右→前→左→後ろと、ぐるりと円を描くようにゆっくり腰を回す。
反対側も行う。

効果てきめんの裏ワザ⑤運動前に

運動効果をアップするエクササイズ

ここに効く！
背中
二の腕
ウエスト

運動前に体温を上げ、代謝をよくするエクササイズです。運動の前はもちろん、通勤や散歩など、日常的なウォーキングの前などに行うと、運動効果が高まります。

1 正しい姿勢で立ち（21ページ）、軽く握りこぶしをつくって両腕を曲げ、肩の高さでキープする。

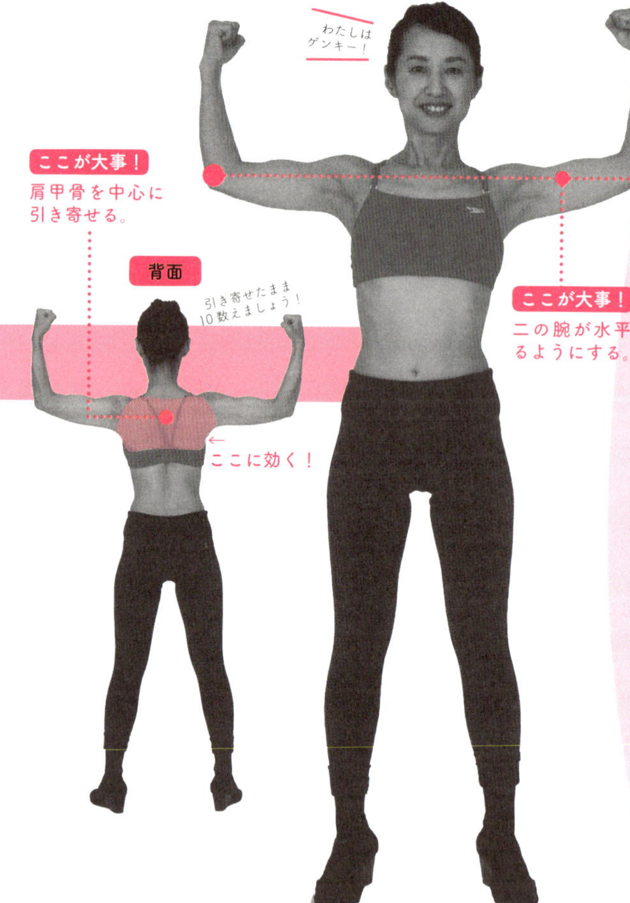

わたしはゲンキー！
ここが大事！
肩甲骨を中心に引き寄せる。
背面
引き寄せたまま10数えましょう！
ここに効く！
ここが大事！
二の腕が水平になるようにする。

NG NO GOOD

二の腕が下がらないように注意

わたしは
ラッキー！
肩甲骨を動かしながら、
体側を伸ばします！
わたしは
カッコイイー！！
肩甲骨を引き寄せ、
わきの伸びを感じましょう！
わたしはハッピー
最高ー！

2 片手を上に突き出し、もう一方の手を下げて後ろに引く。左右交互に行う。

3 最後に、Y字をつくるように両手を上げる。

「元気、ハッピー」など、ポジティブな気持ちを込めて行えば、よりパワーアップします！

効果てきめんの裏ワザ⑥体の不調に

肩こり・腰痛がつらいときに

ここに効く！
肩・背中
腰
ウエスト

肩こり

1 片方の手を前斜め下の方向に伸ばす。もう一方の手は曲げてひじを後ろに引く。

←ここに効く！
向こう側のウエストを
同時に引きしめ！

2 伸ばした手をひじから後ろ斜め上の方向へ引き上げる。
反対側も同様に行う。

肩こりや腰痛といった体の不調は、デスクワークなどで筋肉が緊張し、血液やリンパの流れが悪くなっていることが大きな原因です。ストレッチを行うことで、コリをほぐしていきましょう。

また、姿勢の悪さも肩こりや腰痛などの原因になります。正しい立ち方（21ページ）、座り方（24ページ）を身につけると、不調が解消することも。

腰痛

1 高さの同じイスを２脚準備する。イスに座って片足をもう一方のイスにまっすぐ乗せる。

2 伸ばした足に向けて、上体をゆっくり傾ける。反対側も同様に行う。

可能なら、胸が足につくくらいまで上体を傾け、背中から腰をしっかり伸ばす。

※安定したイスで行ってください。

column

「かかとストン」でプルプル美顔！

女性のみなさんは、体重や体型だけでなく、加齢にともなう骨密度の低下、顔のたるみなども気になるのではないでしょうか。

これをすべて解決してくれるのが「かかとストン」運動です。やり方は簡単。かかとを上げて、床にストン！と落とすだけ。実はこの運動によって、骨芽細胞（骨をつくる細胞）を刺激し、骨密度がアップします。

さらに、骨芽細胞から分泌されるオステオカルシンというホルモンの一種には、美肌効果、アンチエイジング効果、ダイエット効果、認知症予防など、さまざまな効果があるのです。

みなさんも、このかかとストン運動を、歯磨きのときや食器洗いをしているときなどの習慣にしてみてください。

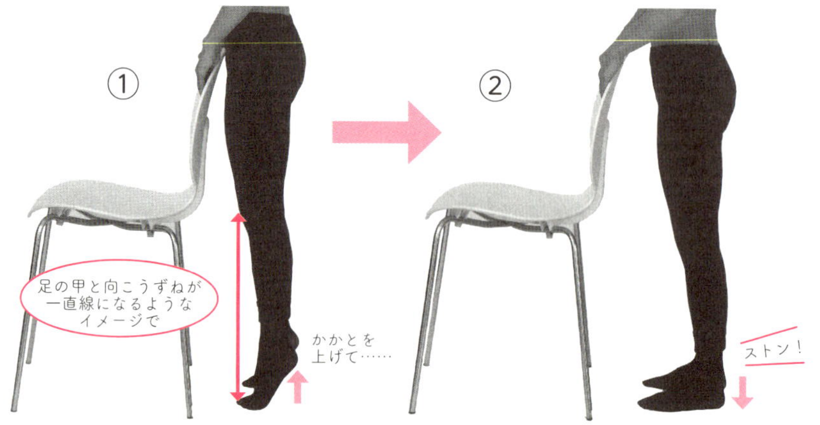

姿勢を正して立ち、かかとをなるべく高い位置まで上げて、ストンと一気にかかとを落とします。1日30回程度を目標に、続けてみましょう。

chapter

4

きれいをつくる 食べ物と食べ方

Let's get started.

「食べ方」を見直せば、太りにくく、健康になる

あなたの体は食べ物でできているから

「食」という字は、人を良くすると書きます。

わたしたちの身体は、わたしたちが食べるものでできています。**10年後、20年後の自分は、いま食べているもので決まる**、ということ。「何を食べるか」そして「どのように食べるか」はとても大切なことです。

わたしも、ときにはラーメンを食べたり、ケーキを食べたりすることがあります。でも、毎日そういった食事ばかりでは、体にダメージを与えてしまいます。**ふだんの生活にちょっとした食べ方のコツを取り入れる**だけで、太りにくく、健康な体を維持することができるのです。

たとえば、朝・昼・夜の、食事の摂り方。朝は食欲がわかない、昼は

食事をしたあとは、安静にしていても代謝量が増大します。これはDIT（食事誘発性熱産生）という作用です。そのため、食事は日中にしっかりとるほうがいいんです。

パスタや丼もの、夜はおかずにごはんをお腹いっぱい……という、**正三角形の食べ方**をしている人が多いのではないでしょうか。

夕食をたっぷり摂れば、寝ている間に脂肪をため込んでしまいます。そして、朝はお腹が空かないから食べられない、という悪循環。

体重を減らして疲れにくい身体をつくるには、これを**逆にする**ことをおすすめします。

朝、昼はしっかり食べ、夜は軽めにするという食事スタイルです。**朝、昼の食事でとったエネルギーは体を動かすことで消費します**し、夜はそれほどお腹がすきません。胃を空にして、空腹状態で朝を迎えれば、驚くほど朝食がおいしくなりますよ。

仕事や家庭の環境で、簡単には切り替えられないという場合は、**昼食をしっかりとり、朝と夜をやや軽めにするひし型**にチャレンジしてみましょう。

×

一般的な正三角形の食事スタイル

朝食
昼食
夕食

朝＜昼＜夜と食事量が増えていく。夜にたっぷり食べるので、体が脂肪をため込みやすくなる。朝は食欲が出ない。

○

ひし型の食事スタイル

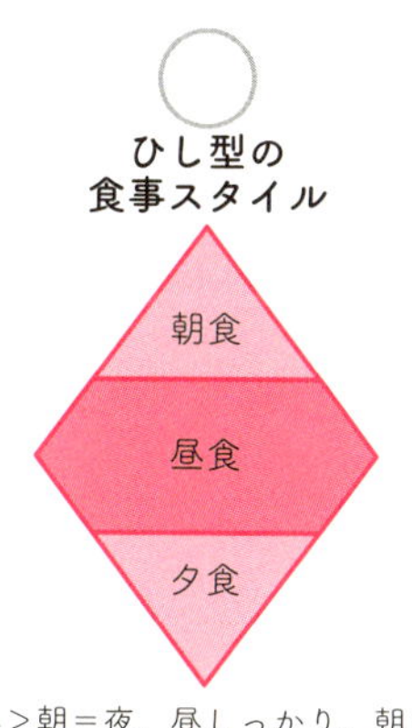

昼＞朝＝夜。昼しっかり、朝と夜は軽め。無理なく続けやすい。

◎

逆三角形の食事スタイル

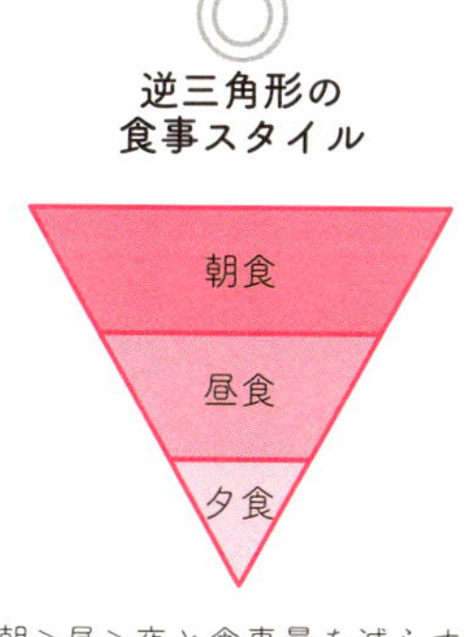

朝＞昼＞夜と食事量を減らす。体を動かす日中に、しっかりエネルギーを消費する。就寝中の内臓の負担を減らす。

Let's get started.

ビタミンエースで効率的に美しく！　若く！

きれいのために食べてほしいもの

せっかく食事をするなら、体の中からきれいにしてくれる食べ物を選びましょう。わたしがおすすめするのは、**ビタミンエース（ACE）**を含んだ食品です。

ビタミンA、C、Eはそれぞれ抗酸化（抗老化）作用を持っています。**体をさびつかせる活性酸素の働きをおさえ、美肌効果、疲労回復効果、眼精疲労予防（回復）効果**など、若さと美しさを保ってくれるうれしい効果があります。ビタミンエースは一緒に摂ることでそれぞれの効果を高め合うため、とくに忙しいときなどは、左ページの図の**円が重なっている部分の食品**を積極的にとるようにしてみてください。

左ページの表にある、❽、❾の食べ物を意識的にとってみてくださいね！

若さと美しさを保つ
ビタミンエース（A・C・E）が含まれる食品をとろう！

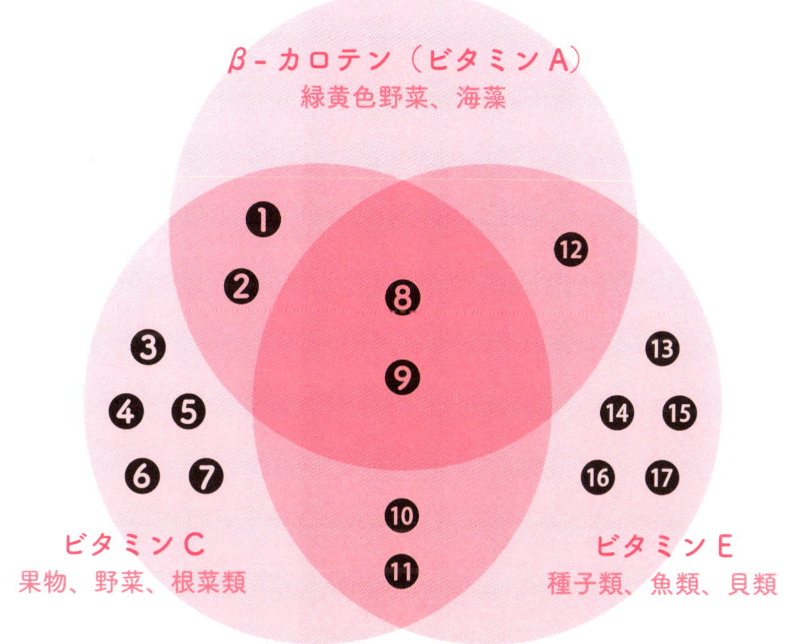

❶きょうな、とうがらし（乾）、わらび、糸みつば、にんじん、セロリ、番茶、玄米茶、玉露

❷あおさ、乾燥わかめ

❸さといも、長いも、じゃがいも

❹いちご、バナナ、メロン、温州みかん、柿、すだち

❺もやし、れんこん、はくさい、キャベツ、みょうが、わさび（根茎）、にんにく、きゅうり

❻カリフラワー、大根（根）、なす、たまねぎ、切り干し大根、ゆり（根）、菊（花）

❼ベーコン、ハム（プレス）

❽しそ、小松菜、パセリ、トマト、ブロッコリー、にら、かぼちゃ、ピーマン、せん茶

❾焼きのり、まこんぶ

❿ねぎ、たけのこ

⓫キウイフルーツ、レモン

⓬ひじき

⓭落花生、カシューナッツ、くるみ、ひまわりの種、ごま、アーモンド

⓮大豆（乾）、糸引き納豆、米味噌、きな粉、凍り豆腐

⓯さば（生）、あじ（生）、まぐろ、かつお節、まだい（生）、塩鮭、さわら、たちうお、たこ、いか

⓰あさり、かき、はまぐり

⓱オイル

Let's get started.

食べ物を賢く選んで、もっと健康に、もっときれいに

できれば避けたい！こんな食品

なかには、できるだけ摂るべきでない食品もあります。それは、次のようなものです。

●冷たいもの

冷たいものは体の中(内臓)を冷やし、身体機能を低下させます。さらに、つらい冷え性を促進させます。飲み物などはなるべく常温以上のものを摂るようにしましょう。解毒（デトックス）作用のある白湯がベストです。

●合成甘味料

アスパルテーム、アセスルファムカリウム、フェニルアラニン化合物などの合成甘味料は、砂糖の数百倍の甘さがあり、加工食品等にかなりの頻

糖質はタンパク質と結びついて皮膚の老化や骨粗しょう症、動脈硬化などの原因になります。甘いものや主食の食べ過ぎには気をつけましょう！

度で使用されています。過剰摂取による副作用も懸念されているため、できるだけメープルシロップやてんさい糖、きび砂糖などの天然のものを。

●塩分過多な食事

一般的な塩（塩化マグネシウム）の摂取量は、1日6グラムが目安。ただし天日干しなどの天然塩は多少多くとっても大丈夫。塩の質にこだわりましょう。

●グルテン

パン、うどんなどの小麦製品には、グルテンが含まれます。実はこのグルテンが、体のさまざまな不調を招くとされています。グルテンに含まれるグリアジンは、アレルギーの原因、**食欲を促進させる肥満の原因**にもなります。

●GI値の高い食品

食品のカロリーだけでなく、**GI値**にも注目。GI値とはグリセミック指数（glycemic index）の略で、食品の血糖値の上昇を表す数値です。主食ではできるだけGI値の高い食品を避け、**GI値の低い食品をチョイス**していきましょう。

高GI値食品	
フランスパン	93
食パン	91
もち	85
精白米	84
うどん	80
じゃがいも	90

低GI値食品	
はるさめ	32
玄米	56
ライ麦パン	58
そば	59
スパゲッティ	65
さつまいも	55

※食品100gあたり ブドウ糖を100とした場合の血糖上昇率

なるべく60以下のものを摂りましょう。パンならライ麦パン、麺類ならおそばを選びましょう。おかゆもGI値が低いのでおすすめ！

Let's get started.

「なんとなく食べる」から「選んで食べる」へ

もっときれいになるためにおすすめの食材

わたしがよく食べているのは、83ページのビタミンエースの表で紹介した、**ビタミンACEを含む野菜やこんぶ**です。

こんぶといえば、おでんや佃煮が頭に浮かびますよね。みそ汁やお鍋などでは、だしをとって捨ててしまう人も多いのではないでしょうか？捨ててしまうのはもったいないので、わたしはこんぶを細かく刻んで、おみそ汁の具のひとつにしています。ずぼらで料理の先生に怒られるかもしれませんが、そのほうがこんぶの栄養をしっかりいただけます。

発酵食品である**白菜キムチ**や、**みそ（麦みそ、玄米みそがおすすめ）**なども、積極的にいただいています。

お味噌汁は美容食ですが、みそは加熱すると酵素が壊れてしまうので、野菜スティックなどにつけて食べることも。みそディップをつけた野菜スティックを食前にサラダがわりにいただけば、酵素も壊れず、食欲が満たされてダイエットにも効果的です。きゅうりなどサラダは身体を冷やす陰性といわれる夏野菜が多いのですが、みそや酢、天然塩をつけると、冷やさない中庸という食材に変身します。

そして、完全栄養食といえる**玄米**です。

精白されていない玄米には、各種ビタミンやミネラル、酵素などが含まれています。最初はかたいとか、味にくせがあると感じるかもしれませんが、慣れるととってもおいしいんです。できれば主食として、日常的にとりたい食品です。押し麦、もち麦もOKです。

甘いものが食べたくなったら、**カカオポリフェノールをたっぷり含んだオーガニックチョコレートなど**を、体を温めてくれるしょうが粉末を入れたお茶と一緒に楽しみます。みつまめ、あんみつ、くずきりなども、常温なら、体を温めるおすすめのおやつです。

食事はわたしたちの健康の源です。**なんとなく好きなものを食べるのではなく、一食一食を大切に考え、選んで食べる**ことが大切です。続けていくうちに、本当に体の中から変わっていきます。

忙しい人やひとり暮らしの人は、お味噌汁をつくるのがめんどうですよね。わたしは、天然醸造無添加の赤みそと白みそ1:1に、りんご酢やバルサミコ酢、刻み玉ねぎ（すりおろしでも）、はちみつを加えて、製氷皿や食品保存袋に小さじ1杯ずつ小分けにして冷凍しています。これにお湯を入れれば、超簡単みそスープのできあがり！　体が芯から温まり、血流改善、お通じ、ダイエットにも効果的です！

Let's get started.

元気の素はアロエとミツバチパワー

わたしの味方 頼りになるスーパーフード

ここで、わたしのとっておきの食品を紹介します。

よく摂っているのは、左ページに紹介する**アロエベラジュース、ポーレン、プロポリス、プロテイン**です。おかげて、本当に体調がいいんです。

医薬品、化粧品、食品と、幅広く活用されるアロエベラは、古代から、世界各国で万能薬として使われてきました。アロエベラの歯肉から抽出されたアロエベラジュースは、アロエベラの健康効果を手軽に摂取できます。

ポーレンとプロポリスは、植物からおいしいはちみつをつくりだす、ミツバチの神秘的な力がつまったスーパーフードです。

みなさんも、ぜひ自分にあった健康食をみつけてくださいね。

現在は、カロリー過多で栄養素が足りない時代。がんばって野菜を食べても、脂肪を燃やすための栄養素が足りません。栄養素を摂ろうとしてして食べ過ぎれば、太ってしまいますよね。だから、健康食品やスーパーフードが欠かせません。

ポーレン

スーパーフードのひとつとして注目されているポーレン。これはミツバチが集めた花粉を酵素で固めたもの。ビタミン、ミネラル、アミノ酸など、さまざまな栄養素を含みます。ポーレンは、スーパーフードならぬパーフェクトフード。わたしは、習慣にしやすいタブレットタイプをいただいています。つぶしてサラダにかけたり、蒸し野菜にかけたりします。

プロポリス

プロポリスは、ミツバチが自分たちの巣を守るために、樹脂に分泌物を加えてつくる貴重な物質です。非常にすぐれた抗菌効果が期待できます。ポーレンと同様、タブレットタイプをいただいています。おかげで、風邪もインフルエンザにもかかりません。

プロテイン

プロテインは、筋肉や骨の元になるものです。ダイエット中は、大豆が原料のソイプロテインがおすすめ。牛乳が原料のホエイプロテインはムキムキになりやすいのですが、大豆タンパクはお肌にもよく、しなやかな筋肉をつくります。プロテインが苦手な方におすすめな食べ方ですが、わたしは寒天ゼリーやアイスキャンデーにして、おいしくいただいています。

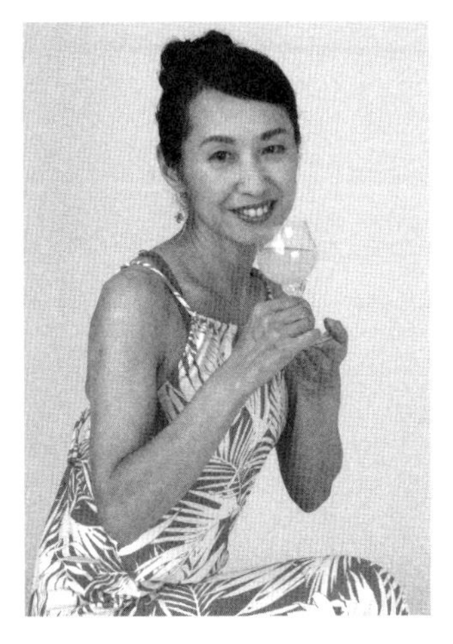

アロエベラジュース

わたしは「飲む健康・美容液」として、美肌や体調管理のためにアロエベラジュースを飲んでいます。アロエベラジュースは、アロエベラの歯肉のみずみずしさを保つ多糖体のはたらきによって、腸内環境をはじめ、さまざまな健康維持効果が期待されています。りんごジュース、麹の甘酒、炭酸水などで割ると、さらにおいしく、飲みやすくなりますよ。

水分と栄養をたっぷり
蓄えたアロエベラの葉肉。

column

甘いおやつは午後3時までに

ダイエット中でも、甘いものを楽しみたいですよね。

甘いものを食べるときに、ひとつ条件をつけましょう。それは「食べるなら、午後3時までに」ということです。

私たちが朝起きて、夜眠くなるのは、体内時計の働きによります。その体内時計を調整する遺伝子がBMAL1（ビーマルワン）と呼ばれるもの。BMAL1は、脂肪をため込む機能を備えています。

BMAL1の活動量は時間によって変化し、午後10時～深夜2時に最も増え、午後2時～3時に最も少なくなります。

・BMAL1が増える（22時～2時）……脂肪をため込みやすい

・BMAL1が減る（14～15時）……脂肪をため込みにくい

80ページで、朝、昼の食事をしっかり摂りましょうと書いたのも、このBMAL1の働きが理由です。ですから、ダイエット中でも、午後3時のティータイムなら、少々の甘いものはOKとしましょう。

それから、ダイエットや健康のために、果物をたくさんとっている人、いませんか？

いまの果物は、品種改良がすすんで、昔よりもずっと甘くなっています。果物に含まれる果糖は、血糖値は上がりにくいものの、中性脂肪を増やしたり、体を老化させたり、もちろん体重を増やしたりするという、あまりうれしくない作用があるのです。

ただ、果物に含まれる食物繊維やビタミンは健康に欠かせません。くれぐれも食べ過ぎには気をつけて、1日にこぶし1つ分くらい（みかん1個、りんご2分の1個くらい）にとどめておきましょう。もちろん、食べるのは15時までに！

ずっとおデブで、不健康だったわたし。
10代、20代のころは、
恥ずかしくて水着なんて、着たことがありませんでした。
（授業でのスクール水着だけでした）
でも、50代になって、
堂々と水着を着ることができるようになりました。

いくつになっても、女性は美しく、男性はかっこよくありたいもの。
あきらめずに、その夢を叶えましょう！

あとがき

「いまがいちばん幸せ」な自分でいるために

本書で紹介したポーズやエクササイズはいかがだったでしょうか。
28年にわたる講師経験から、かんたんで、いつでも、だれにでもできて、かつ効果の高いものを厳選しました。
ぜひお気に入りを見つけて、続けていただきたいと思っています。

くびれや美尻、ダイエット……という言葉を聞くと、「見た目だけを気にする」というイメージがあります。
でも、健康で生きていくためには、適正な体重でいることや、筋肉のついたしなやかな体がかかせません。
また、見た目はやせていても筋肉が減少し、脂肪が増加する「サルコペニア肥満」、ひざや腰などの運動機能が低下する「ロコモティブシンドローム」などを予防するためにも、負担にならない運動習慣を身につけることが大切です。

大切なのは、一生続けられること。

毎日の習慣に取り入れることです。

いまはダイエットや健康・美容の指導者として活動しているわたしですが、まえがきで書いたように、子どものころは体が弱く、「寿命は30代までだね……」と医師からいわれたほど。しかも太っていたので、健康でスリムな人をうらやましく思っていました。

そして、やせたいと思いながらも暴飲暴食をしたり、過度なダイエットに走ったりして、お決まりのリバウンドの繰り返し……という日々。

わたし自身、ずっと健康や体型に悩んでいたから「やせたい」「健康になりたい」「スタイルをよくしたい」という方の気持ちが、痛いほどわかるのです。

ご存じの方も多いと思いますが、「ダイエット」は、「やせる」という意味ではありません。

「Diet」は、英語のday（毎日）とeat（食べる）からできた言葉。つまり、毎日の生活や食べ物の習慣を見つめ直し、改善する（管理する）ということなのです。

無理な食事制限も、苦しい運動も、習慣にはなりませんよね。でも、正しいダイエットをすれば、リバウンドもせず、年齢より若く美しいカラダや肌を保ち続けることができるのです。もちろん女性だけでなく、男性も同じです。

そして、〝美〟と〝健康〟の基本となるウエストの「くびれ」をつくって、その効果をたくさんの人に体感していただきたいのです。

みなさんも、10年後、20年後も「いまがいちばん幸せ」な自分でいるために、本書で紹介した手間いらずのくびれメイク、ボディメンテナンスを習慣にしていただきたいと思います。

本書がたくさんの人たちの体と心の健康の一助となり、一人でも多くの方の美しいくびれをつくることができれば、本当にうれしく思います。

２０１９年２月

東山一恵

著　者

東山 一恵（ひがしやま・かずえ）

1967年東京生まれ。
美Bodyメイクスペシャリスト／トータルエクササイズスペシャリスト。（株）ROYAL代表取締役、美と健康のダイエットサロン「K.Slim」代表。
自らの病気や肥満経験から体質改善を目指し、16kgの減量に成功。タレントオフィス、アナウンサー養成所の講師を経て、文部科学省後援健康管理能力検定1級、日本痩身医学協会カウンセラー、健康管理士上級指導員、食品衛生責任者、整体師、運動療法指導などの資格を取得。企業・官公庁・教育機関で健康管理指導全般、ダイエット指導の講演を行うほか、ボディメイク、ロコモティブシンドローム予防など、老若男女を問わない健康プログラムのプロデュースで多くの人の健康サポートに従事している。モデルやアナウンサーなどの芸能関係、医師、看護師、薬剤師など医療に携わる人への指導経験も豊富。著書に『強くて美しいカラダになる 爽快！護身ビクス』（阪急コミュニケーションズ）などがある。

監修者

小林 英健（こばやし・ひでたけ）

日本痩身医学協会会長、学校法人近畿医療学園理事長。1958年生まれ。
柔道整復師・鍼灸師としてさまざまな療法の長所を取り入れた「小林式背骨矯正法」を確立。食生活や精神生活をトータルに考えるホリスティック療法に基づいた治療を実践し、その知識と技術の普及に積極的に取り組んでいる。日本痩身医学協会の会長として「肥満は現代病の元凶」との考えから「ヘルシー耳つぼダイエット」を提唱。ダイエットを通しての体質改善、生活習慣病の改善などの啓蒙に力を注いでいる。

撮　　　影：井上TORA
ヘアメイク：江川千恵子
協　　　力：東海林舞

人生が変わる
最強のくびれ

2019年4月17日　初版第1刷

著　者 ―――――――― 東山一恵（ひがしやま かずえ）
発行者 ―――――――― 坂本桂一
発行所 ―――――――― 現代書林
〒162-0053 東京都新宿区原町3-61 桂ビル
TEL／代表 03(3205)8384
振替 00140-7-42905
http://www.gendaishorin.co.jp/

カバーデザイン ――――― 吉崎広明（ベルソグラフィック）

印刷・製本 ㈱シナノパブリッシングプレス
乱丁・落丁本はお取り替えいたします。

定価はカバーに
表示してあります。

ISBN978-4-7745-1769-8 C-2077